BERND KÖSTERING
Mörderisches
Oberhessen

MÖRDERISCHES OBERHESSEN Oberhessen ist nicht Frankfurt. Auch nicht Klein-Chicago. Trotzdem lauert das Verbrechen überall: im Maisfeld, auf der Landstraße, in der Lahn oder auf Wanderwegen im Vogelsberg. Die Protagonisten von 11 spannenden, abwechslungsreichen Kurzkrimis führen Sie quer durch das Herz von Hessen, nach Gießen, Marburg und Wetzlar, in die Wetterau und in den Vogelsberg. Bei der Aufklärung ist nur wenig Polizeiunterstützung notwendig, die Täter werden von mutigen Privatermittlern überführt – oder manchmal auch gar nicht. Zu jedem Tatort werden Freizeittipps vorgestellt, die selbst den Einheimischen nicht alle bekannt sein dürften. Nehmen Sie Platz auf einer Bank am Waldrand, um den nächsten Kurzkrimi zu lesen. Aber bitte aufpassen, dass sich niemand von hinten anschleicht …

Bernd Köstering, geboren 1954 in Weimar, aufgewachsen in Gießen, ist ein Krimiautor der leisen Töne. Seine Romane und Kurzgeschichten zeigen ein feines Gespür für die Beweggründe der handelnden Menschen. Er entwickelte zusammen mit dem Gmeiner-Verlag das Genre des Literaturkrimis, in dem ein bekanntes Werk der Weltliteratur den jeweiligen Fall auslöst oder auflöst. Seine Goethekrimis um den Privatermittler Hendrik Wilmut haben unter Fans inzwischen Kultcharakter. Er veröffentlichte bisher fünf Romane, zahlreiche Kurzgeschichten und Krimirätsel. Besuchen Sie den Autor unter www.literaturkrimi.de

Bisherige Veröffentlichungen im Gmeiner-Verlag:
Düker ermittelt in Offenbach (2016)
Falkenspur (2016)
Falkensturz (2014)
Von Bänken und Banken in Frankfurt am Main (2013)
Goethesturm (2012)
Goetheglut (2011)
Goetheruh (2010)

BERND KÖSTERING
Mörderisches Oberhessen

11 Krimis und 125 Freizeittipps

GMEINER SPANNUNG

Die automatisierte Analyse des Werkes, um daraus
Informationen insbesondere über Muster, Trends und
Korrelationen gemäß § 44b UrhG (»Text und Data Mining«)
zu gewinnen, ist untersagt.

Bei Fragen zur Produktsicherheit gemäß der Verordnung
über die allgemeine Produktsicherheit (GPSR) wenden Sie
sich bitte an den Verlag.

Besuchen Sie uns im Internet:
www.gmeiner-verlag.de

© 2017 – Gmeiner-Verlag GmbH
Im Ehnried 5, 88605 Meßkirch
Telefon 0 75 75 / 20 95 - 0
info@gmeiner-verlag.de
Alle Rechte vorbehalten

Lektorat: Katja Ernst
Herstellung: Mirjam Hecht
Karte auf Seite 6: Julia Franze
Umschlaggestaltung: U.O.R.G. Lutz Eberle, Stuttgart
unter Verwendung eines Fotos von: © David Dieschburg / photocase.de
Druck: Libri Plureos GmbH, Friedensallee 273, 22763 Hamburg
Printed in Germany
ISBN 978-3-8392-2063-4

Personen und Handlung sind frei erfunden.
Ähnlichkeiten mit lebenden oder toten Personen
sind rein zufällig und nicht beabsichtigt.

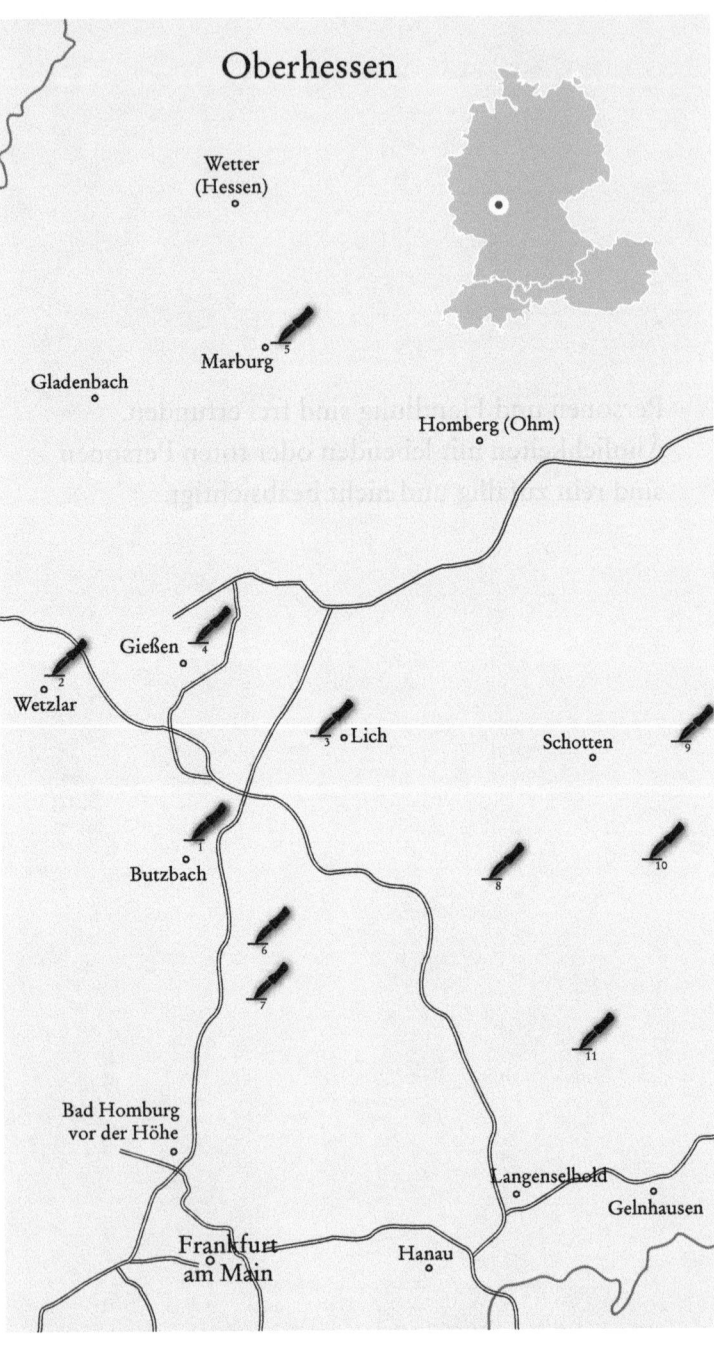

0. VORWORT

Für einen Krimiautor, der in Gießen aufgewachsen ist und für den Oberhessen zu seiner Jugend gehört wie Kassettenrekorder, VW Käfer und die RAF, ist es fast eine Selbstverständlichkeit, die Reihe der Kriminellen Freizeitführer im Gmeiner-Verlag durch den Band »Wer mordet schon in Oberhessen« zu ergänzen.

Als knifflige Aufgabe erwies sich dabei die Abgrenzung der Region. Der Begriff »Oberhessen« ist sowohl von geschichtlichen Entwicklungen als auch von aktuellen Interessen geprägt. Der »Verein Oberhessen« mit Sitz in Nidda und Hirzenhain hat sich die Regionalentwicklung zur Aufgabe gemacht und sieht den Bereich zwischen Schotten, Gedern, Büdingen und Nidda als oberhessisches Kerngebiet. Der »Oberhessische Geschichtsverein Gießen« betrachtet den Begriff – nomen est omen – eher aus historischer Sicht. Die darmstädtische Provinz Oberhessen umfasste bis zu ihrer Auflösung die Kreise Gießen, Alsfeld, Schotten, Lauterbach, Büdingen und Friedberg. Die historische Landschaftsbezeichnung zieht sich teilweise sogar bis nach Nordhessen.

Ich erlaube mir, beide regionale Definitionen zu vereinen und auch Städte miteinzubeziehen, die meine Jugend geprägt haben. Insofern spannt sich der oberhessische Bogen im vorliegenden Buch von Butzbach über Wetzlar, Marburg und den Vogelsberg bis nach Büdingen – den Kreis Gießen und die Wetterau einschließend.

Freuen Sie sich auf elf Kurzkrimis, teils nur wenige Seiten lang, teils mit Novellenlänge, einige im »gewohnten« Schreibstil, andere in einer außergewöhnlichen Form und Erzählweise. Meine Ermittler sind ausschließlich Privatpersonen. In Marburg und Lich ermittelt eine Studentengruppe, in Gießen ein Kioskbesitzer, in Bad Salzhausen ein Hausmeister. Manchmal stellt sich der Täter selbst ein Bein, manchmal ergibt sich die Lösung des Falls von selbst oder bleibt offen. Den Lesern meiner Kriminalromane sind die beiden Figuren Hendrik Wilmut und Herbert Falke bestens bekannt. In Bad Nauheim ermitteln sie zum ersten Mal gemeinsam. Sogar Elvis und Goethe sind mit von der Partie.

Weiterhin finden Sie 125 interessante Freizeittipps, die an den jeweiligen Handlungsort gekoppelt sind und teilweise auch in der Krimihandlung eine Rolle spielen. Einige der Tipps dürften selbst Einheimischen unbekannt sein. Sie können also den einen oder anderen freien Tag nutzen, um diese regionalen Besonderheiten zu erkunden.

Ich wünsche Ihnen dabei viel Spaß!
Ihr
Bernd Köstering

1. ICH WOLLTE ER SEIN

BUTZBACH

Sie werden das vielleicht nicht verstehen, aber ich wollte er sein. Schon immer. Schon in der zweiten Klasse der Degerfeldschule, als er neben der süßen Katja den Prinzen spielen durfte. Und später, mit 15, als ich zum ersten Mal verliebt war. In Veronika, ein Mädchen wie der Frühling. Sie erinnern sich bestimmt auch noch an Ihre erste Liebe, oder? An dieses starke Gefühl des Hingezogenseins, ohne zu wissen, wie es sein wird, wenn man am Ziel ankommt. Bei Veronika kam ich nie ans Ziel. Dafür schaffte er es, schnell, an einem einzigen Abend, während des Butzbacher Altstadtfests. Ich sah, wie er sie küsste.

Was war anders an ihm?

Ich beobachtete ihn, um herauszufinden, was es war. Das mit Veronika hielt nur ein paar Wochen. Bei ihm folgten dann Tanja aus Kirch-Göns, Mona aus Bodenrod und Andrea aus Nieder-Weisel. Bei mir folgte niemand. Ich musste herausbekommen, was seine Besonderheit war. Dieser Vorsatz wurde mir fast zum Lebensinhalt. Wahrscheinlich finden Sie das seltsam, aber ich sage es ganz offen: Ich war süchtig nach ihm. Nicht wirklich nach ihm selbst, mehr nach seiner Aura, wie Mutter es immer nannte.

Während des Studiums in Gießen wurde er Semestersprecher, dann ASTA-Vorsitzender. Unser Jurastudium absolvierten wir beide im Eiltempo mit Auszeichnung. Sie merken, meine Sehnsucht lag nicht auf fachlicher Ebene, nein, eher auf der inneren Erfüllungsebene. Später wurde er Parteimitglied und bekam ein Mandat im Butzbacher Stadtparlament, nach kurzer Zeit saß er im Magistrat.

Ich wollte er sein. Schon immer.

Als er schließlich zum Staatssekretär im hessischen Innenministerium berufen wurde, nach Wiesbaden zog und eine Laufstegschönheit heiratete, verlor ich ihn eine Zeit lang aus den Augen. Ich heiratete eine der von ihm abgelegten Freundinnen aus Ebersgöns, kaufte einen gebrauchten VW und versuchte, meinem Leben eine eigenständige Richtung zu geben. Mit mäßigem Erfolg. Ich pflegte Mutter bis zum Tod, schnitt meine Frau vom Dachbalken ab, beerdigte sie und schloss meine Kanzlei, die so erfolgreich gewesen war wie ein Hüttenberger Handkäs bei einem Duftwettbewerb. Nun werden Sie sicher denken, ich sei ein Verlierertyp. Ja – ich denke, damit haben Sie recht.

Danach hatte ich wieder Zeit für meine Sucht, er sein zu wollen. Ich war immer noch nicht hinter sein Geheimnis gekommen. Als er wegen einer kleinen Affäre geschieden wurde und dann auch noch den

Posten als Staatssekretär verlor, weil die Affäre der gegnerischen Partei angehörte, dachte ich, es sei vorbei mit seiner Glückssträhne. Doch das Gegenteil war der Fall: Er bekam täglich lobhudelnde E-Mails, seine Facebook-Likes stiegen auf 85.000 und im Butzbacher Stadtparlament wurde der Antrag eingereicht, auf dem Schrenzer eine Ehrentafel für ihn zu errichten. Da hatte ich genug und tötete ihn.

Es war ganz leicht.

Er liebte schnelle Autos. Was für ein Klischee, werden Sie jetzt wohl denken. Ja, das stimmt, aber: So war es tatsächlich. Ich kann die Wahrheit ja nicht verbiegen, nur weil Sie keine Klischees mögen. Abgesehen davon sollten Sie es wertschätzen, wie offen ich Ihnen gegenüber bin. Schließlich gestehe ich gerade einen Mord. Einen feigen Mord natürlich, wie es zu mir passt. Ich habe nämlich die Bremsleitung seines Autos durchgeschnitten, und er ist auf der Landstraße von Butzbach nach Espa gegen einen Baum gerast. Eine gefährliche, lang gezogene Linkskurve, die schon vielen Rasern zum Verhängnis geworden ist. Sein Maserati brannte aus, es blieb nur ein Haufen Asche übrig. Ich kaufte eine Urne in XXL-Größe – für seine Asche und die seines Sportwagens, denn beide waren nicht mehr zu trennen. Dann behauptete ich, er zu sein, und dass ich den Maserati an meinen Zwillingsbruder verliehen hätte, der sonst nur VW fuhr. Und schon war ich er.

Was für ein Gefühl! Herrlich. Das Paradies lag vor mir.

Ich übernahm seine Villa in Wiesbaden, schlief in seidener Bettwäsche, besuchte seine Freunde, ging auf deren Partys und räkelte mich in seiner Sonne. Ich versuchte, zu reden wie er, zu gestikulieren wie er und zu lachen wie er. Da ich ihn zuvor so lange beobachtet hatte, klappte das gut. Auch seine Freundinnen gefielen mir, besonders Clarissa. Sie besuchte mich oft in der Villa, schenkte mir Champagner ein und strich mein seidenes Kopfkissen glatt.

Nach ein paar Wochen jedoch fühlte sich die glänzende Oberfläche kalt an. Ich fand immer weniger Gefallen an dem Spiel. Schließlich sagte einer seiner Freunde: »Du bist so komisch seit einiger Zeit, was ist los mit dir?«

Ein anderer fragte: »Wo ist dein spezieller Humor geblieben, deine Wortgewandtheit, dein Charme, deine Ausstrahlung?«

Ein Dritter meinte: »Du bist fast wie ausgewechselt!« Das war das Stichwort. Die Polizei kam. Sie konnten mir zwar nichts nachweisen, denn bei eineiigen Zwillingen ist die DNA identisch. Aber hinter der Stirn meiner Freunde waberte von nun an der Zweifel. Sie zogen sich zurück und mieden die Villa. Auch Clarissa schmeckte mein Champagner nicht mehr. Es war nicht schön, in der großen Luxusbehausung allein zu sein, sie war mehr für Partys gedacht als für Soloauftritte. Und schon gar nicht für Menschen, die jemand anders sein wollten, es aber selbst mit den radikalsten Mitteln nicht geschafft hatten.

Irgendwann ging ich zurück in mein altes Haus in Butzbach. Es wirkte wie tot, ohne jegliche Ausstrahlung. Mein gebrauchter VW rostete in der Einfahrt vor sich hin. Das Schild mit dem Namen meiner Kanzlei hing schräg am Zaun. Die Tür stand offen und die Treppenstufen knarrten wie immer. Dann befand ich mich auf dem Dachboden, direkt unter dem Balken, an dem meine Frau sich aufgehängt hatte.

Was hätten Sie an meiner Stelle jetzt getan?

FREIZEITTIPPS:

Touristik Butzbach:
Butzbach bekam 2011 vom hessischen Innenmister offiziell den Titel »Friedrich-Ludwig-Weidig-Stadt« verliehen.
Tourist-Information: Färbgasse 16, 35510 Butzbach, Telefon: 06033/995310, E-Mail: tourist-info@stadt-butzbach.de

1. Museum Butzbach
Sie möchten wissen, in welchem Zusammenhang der Butzbacher Lehrer, Theologe, Politiker und Turner Dr. Friedrich Ludwig Weidig (1791–1837) mit Georg Büchner stand? Dann sind Sie in diesem Museum genau richtig. Nur so viel vorab: Während Büchner die Flucht nach Frankreich gelang, wurde Weidig von einem knallharten Untersuchungsrichter wegen seiner demokratischen, antifeudalen Grundüberzeugung in den Suizid getrieben. Nach zwei Jahren Untersuchungshaft im großherzoglichen Arresthaus in Darmstadt schrieb er mit seinem eigenen Blut an die Wand der Gefängniszelle: »Da mir der Feind jede Verteidigung versagt, so wähle ich einen simplen Tod von freien Stücken!«
www.stadt-butzbach.de/kultur/museum

2. Altstadt mit Marktplatz

Das wunderschöne gotische Rathaus, die dicht beieinanderstehenden hohen Giebelhäuser und der Marktbrunnen aus Sandstein formen die Butzbacher Altstadt zu einer filmreifen Kulisse. Diese ist allerdings kein potemkinsches Dorf, sondern besteht aus echten, teils im Mittelalter erbauten Fachwerkhäusern. Der Butzbacher Marktplatz ist an einem legendären Wettbewerb beteiligt: In welcher Stadt spielt Goethes Epos »Hermann und Dorothea«? In Pößneck, Emmendingen oder Butzbach? Alle drei Städte haben einen Marktplatz vorzuweisen, auf den die Beschreibung des Altmeisters der deutschen Dichtung passt, sogar jeweils mit einem Gasthaus »Zum Goldenen Löwen«. Doch die Goetheforscher sind sich bis heute uneinig, welche Stadt tatsächlich als Inspirationsquelle diente. Es gibt weder Beweise noch Gegenbeweise. Solange diese fehlen, kann der geneigte Literaturfreund sich getrost mehr mit dem Werk selbst als mit dessen Hintergründen beschäftigen. Gerade in Zeiten von immensen Flüchtlingsströmen ist es aktueller denn je.

3. Altstadtfest

Das Altstadtfest ist seit 34 Jahren ein fester Bestandteil des Butzbacher Herbstkalenders. Die angeblich größte Theke der Wetterau, Livemusik und jede Menge Marktstände locken die Besucher aus der Stadt und aus Oberhessen. Und, wie im Kurzkrimi »Ich wollte er sein« beschrieben, kann man sich dort sogar verlieben.

4. Die Butzbacher Märkte

Zu Zeiten, in denen es nicht möglich war, zum Einkaufen mit dem Auto in die nächste große Stadt zu fahren, waren die Märkte ein wichtiger Bestandteil der urbanen Entwicklung. So auch in Butzbach. Die Wochenmärkte, die reine Handelsmärkte waren, wurden zunehmend durch Jahrmärkte ergänzt, die namentlich jährlich stattfanden. Der Katharinenmarkt ist mit der Ersterwähnung 1416 der traditionsreichste und damit älteste Jahrmarkt Butzbachs. 1494 kam mit dem Faselmarkt der zweite Frühjahrsmarkt hinzu, entstanden durch ein historisch belegtes kaiserliches Privileg. Dieser ehemalige Viehmarkt wandelte sich im Laufe der Zeit zu einem Krämer- und Vergnügungsmarkt. Lediglich eine Pferdeschau wies 2016 noch auf den Ursprung des Faselmarkts hin.

5. Stadtführungen

Interessant sind insbesondere Themenführungen, wie zum Beispiel die Friedrich-Ludwig-Weidig-Führung, der Rundgang auf den Spuren berühmter Besucher Butzbachs oder die Nachtwächterführung mit Dieter Schulz, die auch als Laternenführung für Kinder angeboten wird. Ein Highlight 2016 waren die Führungen von Monika Gniffke unter dem Motto »Butzbach im Fokus der Literatur«. Sie wären es wert, wiederholt zu werden.

www.stadt-butzbach.de/kultur/stadtfuehrungen

6. Open-Air-Kino
Sehr beliebt: jeden Sommer zwei Wochen lang Open-Air-Kino im Innenhof des Landgrafenschlosses, alle Informationen finden Sie hier:
www.open-air-kino.info

7. Justizvollzugsanstalt (JVA) Butzbach
Die 1894 erbaute JVA stellt 760 Haftplätze höchster Sicherheitsstufe zur Verfügung. Sehenswert: die Kapelle im Innenhof. Sie möchten sie besichtigen? Nun, Sie wissen ja sicher, wie man in eine Strafanstalt kommt. Dann haben Sie viel Zeit, sich die Kapelle anzusehen ...

8. Schrenzer
Der Schrenzer ist eine Anhöhe am Rande von Butzbach und ein beliebtes Ausflugsziel. Von dort hat man einen schönen Blick auf die Stadt und die Umgebung. Besuchen Sie dort auch den Weidig-Gedenkstein und die Nachbildung eines römischen Wachturms, so wie er am Limes üblich war. Der Zugang zum Schrenzer erfolgt über die Kleebergstraße oder die Hildegard-Clement-Schneise.

9. Landgräfliches Schloss
Dieses Schloss in der Stadtmitte Butzbachs hat eine wechselvolle Geschichte und viele Besitzer hinter sich. Die bauliche Beeinflussung durch den kunstbewussten Landgrafen Philipp III. von Hessen-Butzbach prägte

das Schloss am deutlichsten. Ab 1817 diente es als Kaserne und wurde als solche von 1951 bis 1992 auch von der U.S. Army genutzt. Heute befindet sich darin die Butzbacher Stadtverwaltung und das Standesamt. Falls Sie eine besondere Örtlichkeit für Ihre Hochzeitsfeier suchen, sind Sie hier genau richtig: vom Standesamt direkt in den historischen Gewölbesaal schlendern, zwischendurch im Schlosspark flanieren, barocker Hintergrund für die Hochzeitsbilder inklusive. Sehr stilvoll!

www.gewoelbesaal-butzbach.de

2. DIE MILLIARDENBRILLE

WETZLAR

Jenny lächelt. Sie sitzt im Restaurant »Die Linse« und blickt hinaus auf den Optikpark und die Hotelbaustelle. Sie hat ihren Vater vor Augen, der nie gut mit der Kamera umgehen konnte, obwohl er in Wetzlar, der Stadt der Kameras, wohnte. Seine Fotos waren meistens unscharf und oft war ein Teil des eigentlichen Objekts abgeschnitten, worüber Jenny lachen musste. Sie fotografierte all seine Erfindungen. Er war ein genialer Tüftler, ein oberhessischer Daniel Düsentrieb. Umgekehrt lachte er oft über Jennys soziale, teils alternative Ideen, die technisch nicht umsetzbar waren. Nur bei einem Thema, da waren sich beide einig, da lachten sie nicht: das Projekt Milliardenbrille.

Jenny arbeitet als Lehrerin in Gießen. Sie kommt regelmäßig hierher, in die Nachbarstadt, in die Stadt, in der ihr Vater glücklich war. Und an den Ort, an dem ihr Vater ums Leben kam. An einem warmen Sommerabend, genau heute vor fünf Jahren.

Sie schüttelt den Kopf, um den Nachhall der Vergangenheit loszuwerden, nippt an ihrem Glas, sieht auf die Uhr. Noch fünf Minuten. Die gelbe Rose liegt auf dem Tisch, wie von ihm gewünscht.

»Guten Abend, Jenny!«

Sie haben nur wenige Male telefoniert, aber sie erkennt die Färbung seiner Stimme sofort. Er wirkt präsent und sportlich, trägt ein helles Jackett, genau wie auf dem Foto. An seinem Revers entdeckt sie einen Anstecker, eine gelbe Rose.

Sie steht auf. »Guten Abend, Tristan!«

Er ist offensichtlich beeindruckt von ihr. Sie trägt ein hinreißendes Kleid, das ihren Körper gut zur Geltung bringt. Über dem Stuhl hängt ein Bolero, der später, draußen, beim geplanten Spaziergang ihre Schultern bedecken soll.

»Können ... ich meine, wollen wir uns nicht setzen?«, fragt Jenny.

»Ja, natürlich, sorry, ich stehe hier so rum, bitte!« Er hilft ihr galant mit dem Stuhl. Dann nimmt er ihr gegenüber Platz. Noch immer kann er den Blick nicht von ihr lassen.

»Und, Tristan 5, bist du überrascht?«, fragt sie.

»Ja, Jenny 11«, antwortet er, »ich bin sehr ... positiv überrascht!«

Jenny lächelt. Für einen Moment scheint er verwirrt.

»Alles in Ordnung mit dir?«

»Oh ja, danke«, sagt er. »Ich war zunächst erstaunt, dass du diesen Treffpunkt vorgeschlagen hast. Ich nahm an, wir treffen uns in Gießen. Aber von Frankfurt aus ist es fast egal, ob man nach Gießen oder Wetzlar fährt. Außerdem: Für dich ist mir kein Weg zu weit.«

Jenny lächelt. Sie findet den letzten Ausdruck ein wenig kitschig. Der Ober kommt mit der Speisenkarte. Sie wählt den Chefsalat. Er entscheidet sich für den Salat Nizza.

»Du bist ja Vegetarierin, ich dachte, ich passe mich dem etwas an.« Er lächelt.

Sie lächelt zurück. »Passende Wahl!«

Er nickt. »Seit wann suchst du in einer Internet-Partnerbörse?«

»Noch nicht lange. Meine Freundin Nadja hat mich darauf gebracht. Der Name ›Lost and Found‹ hat mir gut gefallen: für alle, die einen Partner verloren haben und einen neuen suchen.«

»Gefiel dir ›Tristan 5‹ sofort?«

»Ja, Tristan ist ein schöner Name, sehr männlich. Offensichtlich suchen mehr Jennys einen Mann als Tristans eine Frau.«

Sie lachen beide.

»Ich staune noch immer über diesen Zufall«, sagt er, »die 11 ist meine Lieblingszahl, darum habe ich dich bei ›Lost and Found‹ angeklickt. Welch ein Glück!«

»Ach, nur wegen der 11 hast du mich angeklickt, nicht wegen meiner Beschreibung oder meiner sonstigen ... Vorzüge?«

Er lacht, ein wenig zu laut. »Die lese ich erst gar nicht, stimmen sowieso meistens nicht!«

Jenny lehnt sich zurück. Sie versucht, einen entspannten Eindruck zu machen.

Er wirkt nachdenklich. Als der Kellner den Wein bringt, ändert Tristan seine Bestellung. Er möchte doch lieber ein Steak. Jenny ist enttäuscht. Aber sie sagt nichts dazu. Sie zeigt durch ein großes Fenster nach draußen: »Hier entsteht die Erweiterung des Optikparks. Er soll Wetzlar einen großen Schub in der industriellen Entwicklung geben.«

Tristan sieht sie erstaunt an, so als habe er nicht mit diesem Gesprächsthema gerechnet. »Ja, das habe ich auch gehört«, sagt er.

»Da drüben wird ein neues Hotel gebaut. Eigentlich war dort ein Entwicklungszentrum für innovative Kleinbetriebe im Optikgewerbe geplant.«

»Aber davon kann doch keiner leben!«

Sie hebt das Kinn. »Einige schaffen es. Außerdem kann man ja nicht das ganze Leben lang nur vernünftige Dinge tun, oder?«

Er scheint zu überlegen. Dann sagt er: »Du bist mir sehr nahegekommen, selbst in den wenigen E-Mails und Telefonaten. Es ist schon sehr lange her, dass ich das zulassen konnte.«

Sie nickt. »Und mit dieser Frage komme ich dir noch näher.«

»Ja, so ist es.«

»Und?«

»Oh ja, es ist sehr ... interessant.«

»Warum benutzt du das Wort ›interessant‹? Das klingt nicht besonders schmeichelhaft.«

»Oh, entschuldige bitte. Ich kann mit Worten nicht so gut umgehen wie du als Lehrerin.«

»Das ist möglich!«, sagt sie akzentuiert. »Möchtest du nicht noch meine Frage beantworten?«

Er gießt Wein nach. »Welche Frage?«

»Egal, lass uns anstoßen!«

Er trinkt. Jenny beobachtet ihn dabei. Sein Schnurrbart zieht sich schmal über die Oberlippe, fast ein wenig zu schmal. Er erinnert sie an Clark Gable.

»Die beiden großen Betontürme da hinten«, jetzt zeigt Tristan hinaus, »Turm 1 und 2, die werden morgen gesprengt, dann sieht das gesamte Ensemble schon viel besser aus.«

Der Salat und das Steak werden serviert.

Nach dem Essen brechen sie zu dem vereinbarten Spaziergang auf. Er hilft ihr in den Bolero und reicht ihr die Handtasche.

»Danke«, sagt sie. »Dort hinter den beiden Betontürmen gibt es einen Park«, sagt sie.

Er nickt, sie laufen los. Die Dämmerung setzt ein. Unmittelbar neben Turm 2 steht ein kleines Gebäude, möglicherweise ein ehemaliger Verwaltungsbau.

»In diesem Haus hat sich mein Vater das Leben genommen«, sagt Jenny. »Genau heute vor fünf Jahren. Ein Immobilienhai aus Frankfurt hatte ihn mit dubiosen Geschäften um seine Existenz gebracht. Sein

Haus, seine Werkstatt, seine Entwicklungsideen – alles weg!« Sie wundert sich selbst, wie emotionslos sie davon sprechen kann.

Er mustert sie, zwischen seinen Augen bildet sich eine scharfkantige Falte. »Woher weißt du das mit dem Immobilienmakler?«

»Ich habe eindeutige Beweise. Hier!« Sie hält die Handtasche hoch.

»Oh«, sagt er.

»Ist das alles?«

»Sorry, ich hatte ja keine Ahnung, das ist ja ... schrecklich!«

»Ja, es ist schrecklich«, sagt sie trocken. Dann geht sie ruckartig auf ihn zu: »Komm, ich zeig dir den Raum, in dem er sich aufgehängt hat!«

Er zögert. »Äh, findest du das jetzt ... passend?«

»Du willst mich doch kennenlernen, oder? Das gehört dazu!«

»Also gut.«

Sie öffnet die Tür. »Es war im Keller!«

Er schaut sie unsicher an. »Ist da jemand, da unten?«

Sie lächelt. »Nein, niemand, mein Vater ist auch nicht mehr da.«

Sie gibt ihm ein Zeichen, voranzugehen. Als er die letzte Stufe betritt, zieht sie ein kleines, schwarzes Gerät aus ihrer Handtasche und hält es an seinen Nacken. Ein Geräusch ertönt, das sich nach elektrischem Kurzschluss anhört, er fällt ohne ein Wort nach vorn auf den Betonboden. Sie packt ihn am Kragen und zieht ihn zur Wand. Er ist schwer, sie keucht, ihr Kleid wird beschmutzt. Dann bindet sie ihm Hände und Füße mit einem bereitliegenden Seil zusammen, steckt ihm einen Knebel in den Mund und deckt ihn mit einer Plane zu. Einem flüchtigen Kontrollblick wird der Körper verborgen bleiben. Morgen früh um 6 Uhr erfolgt die Sprengung. Dann wird hier alles atomisiert.

Jenny verlässt das Gebäude, schließt die Tür und salutiert. Das ist sie ihrem Vater schuldig. Sie geht zurück zum Restaurant, nimmt den Hintereingang und öffnet die Tür zur Damentoilette. Eine Tasche steht bereit, sie zieht sich um, Kleid, Strümpfe, Schuhe. Die schmutzigen Sachen wandern in den Müllcontainer des Restaurants, der wird morgen früh geleert, sie hat alles genau geplant. Jenny ist zufrieden.

Ihren Wagen hat sie sicherheitshalber etwas entfernt abgestellt, hinter dem Park. Sie macht sich auf den Rückweg. Der Mond scheint, Nebel zieht durch die Bäume. Auf dem Hauptweg taucht eine Gestalt vor ihr auf. Ein Mann. Er keucht vor Anstrengung, schwankt, seine Haare sind voller Staub, sein Schnurrbart ebenso.

»Hallo, Jenny!«

Sie bleibt stehen. »Seit wann weißt du es?«

»Seit deinem letzten Lächeln, kurz bevor ich meine Bestellung geändert habe. Du lächelst wie er.«

»Und wie bist du …?«

Er hebt die rechte Hand. Das Steakmesser.

Sie nickt.

Er lässt die Hand sinken, die Klinge zeigt in ihre Richtung. »Wie hast du mich gefunden, Jenny?«

»Im Netz findet man fast alles. Dein Name steht auf der Internetseite eurer Immobilienfirma. Tristan. Ohne 5. Der Rest war nur ein wenig Recherche. Nadja ist die Inhaberin von ›Lost and Found‹. Sie hat mir deine Lieblingszahl verraten.«

»Dein Vater war ein Fantast.«

»Nein. Ein Idealist. Eine Milliarde Menschen auf der Erde können nicht richtig sehen, können nicht am Sozialleben und am Arbeitsleben teilhaben. Er hat damals eine Brille entwickelt, die sich all diese Menschen leisten können. Das hätte den Entwicklungsländern einen großen Schub gegeben. Er brauchte nur noch einen Investor. Aber wer investiert schon in eine Firma mit einer Menge Schulden. Du hast ihm den Boden unter den Füßen weggezogen.«

»Gib mir die Handtasche!«, befiehlt er.

Jenny schüttelt den Kopf, presst die Tasche mit beiden Händen an sich. Sie weiß, was jetzt kommt. Es ist ihr egal. Sie fühlt kaum den Schmerz, als das Steakmesser in ihren Leib eindringt. Sie spürt das Blut an sich herunterlaufen, langsam geben ihre Beine nach. Im Fallen schafft sie es noch, sich so zu drehen, dass sie hinüberblickt zu Turm 2. Und sie lächelt dabei.

FREIZEITTIPPS:

Touristik Wetzlar:
Wetzlar, die Goethe- und Optikstadt
Tourist-Information, Domplatz 8, 35578 Wetzlar, Telefon: 06441/99-7755, E-Mail: tourist-info@wetzlar.de
 Es existieren inzwischen tatsächlich verschiedene Versionen einer Brille für Entwicklungsländer in angepasster Technik und zu angepasstem Preis.

10. Dom
Der Wetzlarer Dom ist eine der ältesten Simultankirchen Deutschlands. Bereits seit den 1950er-Jahren wird er gemeinschaftlich von der evangelischen Gemeinde und der katholischen Pfarrei genutzt. Darüber besteht sogar eine Domnutzungsverordnung (1957), eine entsprechende Eintragung im Grundbuch (1978) und eine Satzung zum Bauunterhalt (1982). Damit ist der Wetzlarer Dom ein beeindruckendes Beispiel für das Zusammenleben der Konfessionen.
 www.dom-wetzlar.de

11. Lottehaus
Das Museum in der Lottestraße 8–10 erinnert an die Familie Buff und die Lebensweise im 18. Jahrhundert. Drei Räume sind Goethe und seinem »Werther« gewidmet.
 www.wetzlar.de > Kultur > Museen und Sammlungen

12. Reichskammergerichtsmuseum
Das Reichskammergericht war das höchste Gericht des Heiligen Römischen Reichs, zu vergleichen mit dem heutigen Bundesgerichtshof. Es residierte von 1689 bis 1806 in Wetzlar. Hier arbeitete Goethe als Praktikant, um sich – nach Wunsch seines Vaters – Erfahrung in der Juristerei zu erwerben. Unabhängig davon, dass Goethe der Jurisprudenz an sich keine große Wertschätzung entgegenbrachte, berichtete er aus dieser Zeit von einer Rechtsprechung nach Gutsherrenart, die ihm zuwider war. In »Dichtung und Wahrheit« beschreibt er das Reichskammergericht als »richtend und gerichtet«. Mehr zum Museum (Hofstatt 19) finden Sie unter:

www.wetzlar.de > Kultur > Museen und Sammlungen

13. Literarischer Spaziergang nach Garbenheim
Es ist bekannt, dass der 22-jährige Goethe während seines Aufenthalts in Wetzlar keine juristischen Heldentaten vollbrachte. Er widmete sich lieber der »Ritterrunde« im Gasthof Zum Kronprinzen, dem fröhlichen Landleben und seiner Jugend. Viele Sonntage im Sommer des Jahres 1772 verbrachte er im heutigen Wetzlarer Stadtteil Garbenheim, bei einer »guten Wirtin«. So heißt es im Briefroman »Die Leiden des jungen Werther«, der in Teilen noch heute als autobiografischer Wetzlar-Führer gelesen werden kann. Der Weg vom Lottehaus nach Garbenheim ist ein literarischer Spaziergang, mit 7,5 Kilometer und 1,5–2 Stun-

den Fußweg (einfache Strecke) – bei gutem Wetter eine wunderbare Sonntagsbeschäftigung. Seit 2015 gibt es zur besseren Orientierung den von Gisela von Schneidemesser entworfenen Goetheweg, der auf Werthers Spuren, vorbei an Gedenksteinen mit Inschriften, bis zur Goethelinde in Garbenheim führt. Den interessanten, ausführlichen Prospekt dazu findet man hier:

www.wetzlar.de > Tourismus > Entdecken und Erleben > Aktiv in Wetzlar > Wandern

14. Von WZ zu LDK – Geschichte des Kfz-Kennzeichens
Zur Zeit der Trennung von BRD und DDR waren Wetzlar und Gießen zwei unabhängige, auch historisch und mental getrennte Nachbarstädte. Als in den 1970er-Jahren die Magistratsmitglieder auf die Idee kamen, beide Städte und die dazwischenliegenden Gemeinden zu einer Großstadt namens »Lahn« zu vereinen, ernteten sie nicht nur Zustimmung. Dennoch, das Projekt wurde vollzogen und man beschloss, das Kennzeichen »L« für das neue Großgebilde zu vergeben. Als im Gießener Stadtparlament ein Abgeordneter Einspruch erhob, weil »L« doch für Leipzig reserviert sei, wurde er ausgelacht. Der Gedanke an Wiedervereinigung war weit entfernt. Nur wenige Jahre später wechselte die Stadtregierung in Gießen und das »Gebilde«, das sich nicht sonderlich bewährt hatte, wurde wieder rückgängig gemacht. Gießen erhielt sein ursprüngliches Kennzeichen »GI« zurück, während Wetzlar und Dillenburg zum gemeinsamen Lahn-Dill-

Kreis verschmolzen. Um den zusätzlichen Verwaltungsaufwand in Grenzen zu halten, wurde das »L« für den neuen Verschmelzungskreis beibehalten. Dann kam 1989: der Mauerfall, danach der Einigungsvertrag. Plötzlich erinnerten sich alle mit betretener Miene an den damaligen Mahner, der Leipzig ins Spiel gebracht hatte. Wie von ihm erwartet, wurde das »L« an Leipzig vergeben. Der Lahn-Dill-Kreis erhielt abermals ein neues Kfz-Kennzeichen: »LDK«. Sehr viel später, Ende 2012, gab man die alten Kfz-Kennzeichen, die durch verschiedene Gebietsreformen verschwunden waren, wieder zur Nutzung frei – eine Hommage an die Lokalpatrioten. So tauchte das »WZ« als Option wieder auf, doch viele sieht man heute nicht auf den Straßen. Den Wetzlarer Autofahrern scheint die Lust am Kennzeichenwechsel vergangen zu sein.

15. Erlebnisführungen

Kaum eine Stadt bietet so viele interessante Führungen an wie Wetzlar: Kostümführungen mit Goethe und Lotte, amüsante Spektakel wie »Neues aus Schwätzlar«, Kostümführungen für Kinder oder »Stadtgespräch bei Nacht«. Näheres hier: www.wetzlar.de > Tourismus > Planen und Buchen > Stadtführungen

16. Jerusalemhaus

Wer Goethes realen Erlebnissen und fiktiven Beschreibungen in Wetzlar vollends auf den Grund gehen will, sollte auch dieses Haus besuchen. Hier lebte Karl Wilhelm Jerusalem, der Goethe als lebendes und sterbendes Vorbild für seine Romanfigur des Werther diente. Jerusalem tötete sich selbst, nachdem er sich in eben diese Werther'sche Sackgasse des unglücklich Liebenden manövriert hatte. Interessanterweise lieh er sich die dafür benutzte Pistole von Johann Christian Kestner, dem späteren Ehemann der von Goethe real angeschmachteten Charlotte Buff. Im Jerusalemhaus (Schillerplatz 5) befinden sich auch die Geschäftsstelle der »Wetzlarer Goethe Gesellschaft« und die Goethe-Werther-Bücherei.

www.wetzlar.de > Kultur > Museen und Sammlungen

17. Altstadt
Der mittelalterliche Stadtkern von Wetzlar gilt komplett als Kulturdenkmal und ist zusammen mit den im Buch erwähnten historischen Altstadtbereichen von Marburg, Butzbach und Büdingen eines der schönsten Fachwerkensembles in Hessen. Auch hierzu hat die Stadt Wetzlar einen informativen, umfangreichen Prospekt entwickelt, zu finden hier:

www.wetzlar.de

Entweder: Tourismus > Entdecken und Erleben > Sehenswertes in Wetzlar > Altstadt und Dom > Altstadtrundgang, oder ins Suchfeld »Altstadtrundgang« eingeben.

18. Stadtführer für Menschen mit Behinderung
Nicht viele Städte leisten sich einen solchen Stadtführer, deswegen soll er hier ausdrücklich erwähnt wer-

den. Dazu gehören auch Führungen durch die Altstadt für behinderte Personen. Zu finden unter:

www.wetzlar.de > Tourismus > Planen und Buchen > Informationen für Menschen mit Behinderungen > Broschüren und Prospekte

19. Leitz-Park

Wetzlar hat sich als Optikstadt einen weltweiten Ruf erworben. Dies führte dazu, dass in der Zeit, als die Stadt vorübergehend im Großgebilde »Stadt Lahn« aufging, einige Firmen das Markenzeichen »Wetzlar« in ihren Firmennamen aufnahmen. Vor rund 100 Jahren wurde hier die erste Kleinbildkamera entwickelt. Die Marke »Leica« durchlief nach den 1970er-Jahren unruhige Zeiten, man verlegte die Zentrale der Leica Camera AG sogar ins benachbarte Solms. Nach einer langen Phase der Konsolidierung kehrte das Unternehmen 2014 schließlich zurück nach Wetzlar, wo die neue Zentrale unter dem Namen »Leitz-Park« errichtet wurde. Deren Architektur besteht aus kreisrunden Gestaltungselementen jeglicher Ausprägung und vergegenwärtigt damit die grundlegende Form der optischen Linse. Der Leitz-Park ist auf einer Fläche von 4 Hektar nicht nur als Firmenstandort konzipiert, sondern auch als Erlebniswelt für Interessierte: Führungen mit direktem Einblick in die Produktion, hochrangige Fotoausstellungen, ein Museum, ein Outlet-Store, ein Casino und ein Café. Wie im Kurzkrimi »Die Milliardenbrille« erwähnt, wird weiterhin ein Hotel geplant,

zudem ein Hörsaal für die Technische Hochschule Mittelhessen, begleitet von einer Stiftungsprofessur für optische Technik.
www.leica-camera.com > Die Leica Welt > Leitz-Park

20. Viseum
Museum für Optik und Feinmechanik (Lottestraße 8–10). Das historische Gebäude mitten in Wetzlar steht in einem interessanten Kontrast zu dem modernen Inneren mit einem Laserstrahl, der die Besucher durch die Räume leitet.
www.wetzlar.de > Kultur > Museen und Sammlungen

21. Phantastische Bibliothek
Mit mehr als 270.000 Titeln gilt diese Bibliothek (Turmstraße 20) als weltweit größte öffentlich zugängliche Sammlung fantastischer Literatur. Die Themenbereiche umfassen Science-Fiction, Horror, Märchen und Sagen oder auch Reise- und Abenteuerliteratur. Angeschlossen ist eine Akademie, die von Wissenschaftlern und Kulturinteressierten aus ganz Europa genutzt wird. Zudem veranstaltet die Bibliothek Symposien und Vortragsreihen wie zum Beispiel die »Wetzlarer Tage der Phantastik«, die 2015 zum 33. Mal stattfanden.
www.phantastik.eu

22. Heimatmuseum Volpertshausen/Goethehaus
Dieses ehemalige Jagdhaus der Grafen von Nassau-Weilburg gilt als der Ort der Gefühlseruption im Wer-

ther-Roman, denn hier beginnt bei einem »Ball auf dem Lande« die Liebe zwischen Werther und Lotte. Gleichzeitig ist es der reale Treffpunkt von Goethe und Charlotte Buff, spätere Kestner, und damit der Beginn Goethes unbändig romantischer, zugleich chancenloser Liebe. Das Jagdhaus wurde später zum Heimatmuseum umgebaut und liegt in der Gemeinde Hüttenberg im Ortsteil Volpertshausen etwa 10 Kilometer südöstlich von Wetzlar.

www.heimatmuseum-huettenberg.de

3. M-LAB TEIL I

LICH

Professor Müdlich sah genauso aus, wie man sich einen Anatomieprofessor vorstellte: groß, buschige Augenbrauen, auf die Schultern fallendes graues Haar. Professor Müdlich war ein Mensch, den man respektierte. Und zugleich einer, den viele fürchteten. Sie können mir glauben, denn ich habe ihn erlebt. Leibhaftig. Oh, entschuldigen Sie bitte, vor lauter Aufregung habe ich vergessen, mich vorzustellen: Mein Name ist Richard. Ich bin Medizinstudent an der Universität Marburg. Sie können mich auch gerne Ritchie nennen, das tun alle. Ich bin der Radius-Mann. Was das zu bedeuten hat, erkläre ich Ihnen später, ein klein wenig Geduld bitte.

Alles begann im letzten Sommersemester. Es war unser zweites Studiensemester und Anatomie stand im Zentrum des Lehrplans. Unumstrittener Herrscher über die Toten und die Lebenden im anatomischen Institut war – Sie ahnen es – Professor Müdlich. Die Toten lagen komplett oder in Teilen auf dem Seziertisch, konnten sich nicht mehr wehren und nicht widersprechen. Die Lebenden, also wir, die Studenten, konnten sich auch nicht wehren und nicht widersprechen, denn Müdlichs Wort war Gesetz. Und leider hatte er immer recht. Ich blätterte nach jedem Seminar in den Lehrbüchern, um festzustellen, ob er einen Fehler gemacht hatte. Keine Chance. Manchmal nahm ich sogar meinen Tablet-Computer mit in die Vorlesung, um ihn quasi live zu überführen. Doch er konterte gelassen: »Richard, geben Sie sich keine Mühe, was ich eben gesagt habe, finden Sie nirgends im weltweiten Web, nur in meinem Lehrbuch.«

Tja, was sollte ich da noch sagen. Klappe halten, demütig Notizen machen und lernen, lernen, lernen.

Dann kam des Professors Mutprobe. Die Studenten der höheren Semester hatten dieses Ereignis vollmundig angekündigt. Dummerweise sprachen alle nur von der »Mutprobe«, ohne zu erklären, um was es dabei ging. Diese Geheimhaltung schien eine Art ungeschriebenes Gesetz zu sein. Müdlichs Arm war lang.

Natürlich verriet auch sein Hörsaalassistent Niko nichts, denn er war dem Professor schon seit Jahren in einer autistisch anmutenden Art treu ergeben. Die Sekretärin des Anatomischen Instituts hatte mir einmal verraten, dass Niko eigentlich Nikodemus hieß, sie hatte ja Einblick in die Personalakten. Ich fragte mich, welche Eltern dem armen Jungen diesen abgedrehten Namen gegeben hatten, aber nun – mit der Abkürzung Niko ließ es sich ja leben.

Wir Zweitsemester hörten überall von der Mutprobe: im Studentenwohnheim, auf den Lahnwiesen, im Café Goppion und natürlich im Anatomischen Institut. Sogar die Nachbarin meiner Mutter in Wehrda wusste davon. Wobei das kein Maßstab war, denn die wusste einfach alles. Die ganze Stadt schien im Bilde zu sein, nur wir nicht. Allein der Name des Labors, in dem die Mutprobe stattfinden sollte, wurde preisgegeben: das M-Lab. Wir kannten viele Labore – in der Uniklinik oben auf den Lahnbergen, in der Mikrobiologie und in der Chemie – aber ein M-Lab war uns unbekannt. Nun ja, dachte ich in meinem jugendlichen Leichtsinn, in einem Labor wird schon nichts Gruseliges passieren, er wird uns ja keinen Frankenstein erschaffen lassen. Ha, ha, prusteten die anderen, doch als es so weit war, lachte niemand mehr.

Wir trafen uns an einem Montag im Juli, abends um 20 Uhr auf dem Parkplatz hinter der Elisabethkirche. Es regnete in Strömen. Na gut, dachte ich, in einem Labor ist uns das Wetter ja gleichgültig. Als Niko und Professor Müdlich dann mit einem Kleinbus vorfuhren, wuchs meine Nervosität. Wir verließen Marburg über die südliche Stadtautobahn, passierten Gießen und nahmen die A45 in Richtung Südost. Keiner redete.

Wir waren zehn Studenten. Christian und Vanessa stammten aus Bayern. Vanessa – nur so unter uns – sah wirklich gut aus. Sie kam aus München, Oberhessen fand sie kleinbürgerlich und Marburg bezeichnete sie als ein zwischen Kassel und Frankfurt vergessenes

Studentenidyll. Juliane entstammte einer wolgadeutschen Familie und Hannah kam aus Dresden. Dann gab es noch Franziska aus Hildesheim, Tulay aus Berlin-Kreuzberg, Florian aus Ulrichstein sowie Tina und Ilka, zwei Freundinnen aus Frankfurt. Ich selbst war der Einzige, der in Marburg aufgewachsen war.

An der ersten Ausfahrt nach dem Gambacher Kreuz verließ Niko die Autobahn und nahm die Landstraße in Richtung Lich. »Toll«, rief ich durch den Bus, »wir machen eine Brauereibesichtigung!«

Professor Müdlich grunzte nur kurz. »Richard, wie so oft liegen Sie mit Ihrer Einschätzung meilenweit daneben!«

In Eberstadt bogen wir links ab, verließen den Ort sofort wieder und erreichten freies Feld. Schwarze Wolken türmten sich auf, Dunkelheit legte sich übers Land. Einer der Drittsemester hatte mir in einem Anfall von Edelmut zugeraunt, ich solle eine Taschenlampe mitnehmen. Christian, Florian und Ilka waren dem Rat ebenso gefolgt. Nun wussten wir, warum: eine Aktion im Freien, in der Dämmerung, vielleicht sogar im Dunkeln. Nur: Was hatte das mit Anatomie zu tun?

Als unser Bus hielt, hatte es aufgehört zu regnen. Wir stiegen alle aus, nur Niko blieb zurück. Er hatte vor Jahren wegen einer Knochenerkrankung seinen linken Unterschenkel verloren und ich nahm an, er wollte mit der Prothese nicht im Dunkeln herumlaufen. Aber er sagte nichts und tat sowieso immer das, was man gerade nicht von ihm erwartete.

Zuerst sah ich ein riesiges weißes Zelt. Wir durchquerten es: jede Menge Festzeltgarnituren, ein Grill, Getränkeausschank – alles leer. Kein Mensch außer uns. Wir verließen das Zelt auf der anderen Seite. Schließlich standen wir vor einer fast drei Meter hohen grünen Wand. Mais. Überall Mais. Ich war ehrlich beeindruckt.

In der Dämmerung war soeben noch das Schild »Eingang« zu erkennen. Professor Müdlich baute sich vor uns auf. »Hier nun Ihre Prüfungsaufgabe. Hören Sie genau zu, ich sage alles nur einmal: Hinter mir befindet sich das M-Lab. Das Maislabyrinth. Mein Assistent und ich haben die Knochen unseres Hörsaalskeletts darin verteilt.«

Müdlich machte eine kurze Pause, vermutlich um sich an den erstaunten Blicken seiner Studenten zu weiden. Ich hatte mich heute Vormittag schon gewundert, warum Bodo – so wurde unser Plastikskelett genannt – aus dem Hörsaal verschwunden war.

Der Professor fuhr fort: »Die Aufgabe besteht darin, Bodos Einzelteile zu finden. Aber nicht wahllos durcheinander, sondern gruppenweise mit namentlich koordinierten Zielknochen. Christian und Vanessa, Sie suchen den Schädel und die Wirbelsäule. Um es Ihnen nicht *zu* schwer zu machen, haben wir die Wirbelsäule an einem Stück gelassen. Oder möchten Sie gerne alle Teile einzeln suchen?«

Die beiden schüttelten den Kopf.

»Wie viele Teile wären es denn?«, fragte Professor Müdlich.

Christian begann zu zählen. Vanessa wartete einen Moment und als Christian immer noch dabei war zu zählen, antwortete sie: »24, plus Kreuzbein und Steißbein.«

»Korrekt. Der Fund zählt aber nur, wenn alle Teile komplett vorhanden sind. Weiter: Richard, Juliane und Hannah suchen die drei Armknochen. Alle beim Menschen paarig vorhandenen Knochen wurden doppelt versteckt und müssen somit auch zweimal gefunden werden.«

Wir drei nickten.

»Franziska, Tulay und Florian …«, Professor Müdlich sah kein einziges Mal auf einen Zettel, er hatte alle Namen und Aufgaben im Kopf. »Franziska, Tulay und Florian, für Sie gilt das Gleiche bezüglich der Beinknochen.«

Auch diese drei nickten tapfer.

»Christina und Ilka, Sie suchen stellvertretend für den Torso die beiden Claviculae und die beiden Darmbeinschaufeln. Alle anderen Knochen entfallen, weil wir diesmal eine relativ kleine Gruppe sind. Wir treffen uns in der Mitte des Labyrinths, neben dem Aussichtsturm, da steht ein kleines Zelt. Sie haben eine Stunde Zeit. Los geht's!«

Genau in diesem Moment begann es wieder, heftig zu regnen. So als hätte Professor Müdlichs Startsignal den Regenguss ausgelöst. Sein langer Arm reichte doch nicht etwa bis zum … nein. Ich schaltete die Taschenlampe ein und zog meine Kapuze über den Kopf.

»Richard!«, rief der Professor, als er meine Taschenlampe sah. »Ich dachte nicht, dass Sie mich noch mal in Erstaunen versetzen können!«

Ich versuchte, ein Grinsen zu unterdrücken, was mir jedoch nicht gelang. Juliane und Hannah gesellten sich zu mir. Hannah hatte einen großen Regenschirm bei sich. Ich nickte dankbar. Wir zogen los.

Am Eingang des Maislabyrinths blieb ich stehen. »Wir müssen uns eine Taktik überlegen!« Der Regen trommelte auf Hannahs Schirm. Ein kühler Wind wehte, Juliane zog den Reißverschluss ihrer Jacke hoch.

»Also«, begann Hannah, »wir brauchen sechs Knochen. Zweimal den Oberarmknochen, den Humerus. Zweimal Speiche und zweimal Elle, also ich meine zweimal Radius und ... wie nennt sich die Elle noch?«

»Moment mal«, sagte ich. »Der Müdlich hat so etwas Komisches gesagt am Anfang, ›namentlich koordinierte Zielknochen‹, was soll das wohl bedeuten?«

»Ach, Ritchie, das ist doch jetzt egal, Radius und ... wie hieß das Ding? Das fragt uns Müdlich bestimmt!«

»Humerus für Hannah«, sinnierte ich, »Radius für Richard ...«

»Du meinst, die Anfangsbuchstaben der lateinischen Knochenbezeichnungen sind identisch mit den Anfangsbuchstaben unserer Namen?«

»Würde ich dem Müdlich jedenfalls zutrauen.«

»Aber es gibt am Arm keinen Knochen mit ›J‹ wie Juliane«, sagte Hannah.

»Ich hab's!«, rief Juliane. »Der dritte Knochen heißt Ulna!«

»Ach ja, genau.«

»Auf Russisch heiße ich nämlich Uljana«, schob Juliane hinterher.

»Vielleicht sollten Sie mal anfangen zu suchen!«, rief Professor Müdlich unter dem Schirm hindurch.

Ohne zu antworten, trabten wir los.

Im Rückblick kann ich Ihnen sagen, dass meine Socken nach zehn Metern komplett durchnässt waren, dass ich trotz Hochsommer fror wie ein Schneider und dass mein Ärger über Professor Müdlich sich langsam, aber sicher zu Wut steigerte. Heute, nachdem er die Universität verlassen hat, sehe ich das recht locker. Aber damals im Maislabyrinth ... nun, ich erzähle besser der Reihe nach.

Hannah ging voraus. Ich schickte den anderen eine SMS mit der Aufklärung über Müdlichs seltsame Namen-Knochen-Koordination. Vielleicht half es ihnen.

Dann erreichten wir die erste Weggabelung. Es regnete immer noch in Strömen. Die anderen Gruppen waren nirgends zu sehen. Wir beschlossen, hier mit der Suche zu beginnen und dann zu überlegen, welchen Weg wir weiter nehmen sollten.

Nachdem wir einige Minuten den matschigen Boden abgesucht hatten, ließ ein markerschütternder Schrei Hannahs Regenschirm erbeben: »Ich hab was, einen Knochen, einen großen weißen Knochen!« Sie zog daran und streckte ihn mit strahlendem Gesicht in die Höhe.

»Welcher ist es denn?«, fragte Juliane.

Hannah hielt den Knochen zum Vergleich neben ihr Bein. »Ich schätze … ein Oberschenkelknochen.«

»Stimmt, ein Femur«, sagte ich und zog mein Mobiltelefon aus der Hosentasche.

»Musst du jetzt schon wieder mit dem Handy rumspielen?«

»Ich rufe Florian an, er sucht den Femur und ist gleich zu Beginn dran vorbeigelaufen. Versteht ihr? F-lorian und F-emur!«

Die beiden nickten. Florian kam zurück und nahm den Femur dankbar entgegen. Gleichzeitig zog er einen anderen, relativ kurzen, kräftigen Knochen aus der Jackentasche: »Hier, Hannah, für dich, müsste der Humerus sein.«

Hannah hielt sich den angeblichen Humerus neben ihren Oberarm. »Könnte passen, ein bisschen länger als mein eigener Oberarm, na ja, Bodo ist ja ein Mann, danke!«

Ich musste zugeben, dass dieser Mutprobe ein gewisser Lerneffekt nicht abzusprechen war. Der Regen hatte nachgelassen. »Also weiter!«, rief ich.

»Welche Richtung?«

»Ich hab mal gehört, man müsse im Labyrinth immer nur rechts gehen, dann kommt man automatisch an!«, sagte Florian, bevor er wieder im dumpfen Schwarz des Maislabyrinths verschwand. Die praktikable Herangehensweise eines echten Vogelsbergers.

»Na gut«, meine Juliane, »hört sich vernünftig an.

Haltet euch aber bitte von den Maispflanzen fern, die Blätter können in die Haut schneiden. Ich sah mal einen Mann vor der russischen Polizei fliehen, quer durch ein großes Maisfeld. Er ist verblutet.«

»Mensch, Juliane, hier ist es schon gruselig genug. Also los!«

Wir bogen rechts ab, kurze Zeit später stolperte ich über den zweiten Oberarmknochen, sodass ich der Länge nach hinschlug und mit dem Gesicht in einer Matschpfütze landete. Trotz der durchaus als unglücklich zu beschreibenden Situation bewahrte ich noch genug Sportsgeist, um sogleich festzustellen, dass ich mir bei dem Sturz fast Bodos Ellenkopf, auch »Caput ulnae« genannt, ins Auge gerammt hätte, da dieser mitten auf dem Weg steil aus der Erde ragte.

Also, damit Sie meiner Schilderung etwas besser folgen können, darf ich Sie bitten, mit der rechten Hand ihr linkes Handgelenk zu fassen. Dort an der Seite, die zum kleinen Finger hinaufführt spüren Sie einen knöchernen Vorsprung. Das ist der Caput ulnae, der Ellenkopf. Sie könnten jetzt einmal versuchen, sich den ins Auge zu …

Ich zog den Knochen aus seinem Matschbett, erkannte am anderen Ende den typischen Ellenbogen und war – bis auf mein verschmiertes Gesicht – zufrieden. Dann verließ uns das Glück. Wir gingen immer rechts, landeten ein ums andere Mal in einer Sackgasse, trafen Christian, der noch orientierungsloser als wir mit Bodos Schädel unter dem Arm herumirrte, sich aber unserer Gruppe nicht anschließen wollte. Im Dunkeln konnten wir den Aussichtsturm nicht sehen, der uns die Orientierung erleichtert hätte. So standen wir schließlich völlig erschöpft an einer Kreuzung, nur noch 15 Minuten Zeit, die Aufgabe zu lösen, ohne Hoffnung, ohne trockene Kleidung und ohne eine Idee, wie es weitergehen sollte. Hannah und Juliane sahen mich an, als erwarteten sie von mir eine Lösung der Misere. Ich hob die Schultern. Und dann, im Moment der tiefsten Depression, klingelte mein Handy. Florian. »Wir sind bereits am Aussichtsturm angekommen und haben hier einen Knochen, von dem Vanessa meint, es sei eine Ulna.«

Sie können mir glauben, wenn Vanessa das sagte, dann musste es richtig sein. Sie ist zwar manchmal eine Zicke, aber in Anatomie ist sie die unumstrittene Nummer eins. Ob sie deswegen eine gute Ärztin wird, weiß ich nicht, aber eins ist klar: Wenn ich später als Chirurg eine Anatomiefrage haben sollte, würde ich nicht zögern, sie anzurufen.

»Wir beleuchten mit einem Scheinwerfer jetzt den Aussichtsturm«, fuhr Florian fort, »vielleicht hilft euch das ja.«

Nun hatten wir zumindest eine grobe Richtung. Und wir fanden die beiden Radius-Knochen, die Speichen, die zusammen mit den zwei Ellen die Unterarme bilden. Der eine war ganz gemein versteckt, mit einem Draht oben am Stängel einer Maispflanze befestigt. Nach 58 Minuten erreichten wir das Ziel.

In dem Zelt standen mehrere Tapeziertische, auf denen die Skelettteile ausgebreitet wurden. Professor Müdlich kontrollierte im Licht des Scheinwerfers persönlich alle Teile und vermerkte die Leistung in seinem Notenheft. Unsere sechs Armknochen konnten als Erstes abgehakt werden. Schädel und Wirbelsäule waren ebenso vorhanden. Müdlich prüfte noch die Anzahl der Wirbel, alles komplett, positiver Eintrag für Christian und Vanessa. Auch die beiden Schlüsselbeinknochen und die Darmbeinschaufeln von Tina und Ilka waren komplett. Jetzt wandte er sich den Beinknochen zu. Franziska, Tulay und Florian hatten alles auf dem Tisch ausgebreitet. Der Regen hatte aufgehört.

Professor Müdlich stand im grellen Scheinwerferlicht und sah uns mit großen Augen an. Solch ein Gesichtsausdruck des Professors war uns völlig fremd. Ein Anflug von Menschlichkeit schien herüberzuwehen.

»Es gibt nur zwei Tibiae beim Menschen«, sagte er. »Hier sehe ich aber drei.«

Wir kamen langsam näher. In der Tat, dort lagen drei Schienbeinknochen.

Sie werden sich nun wohl fragen, was in diesem Moment in mir vorging. Schließlich war ich ein weltgewandter 22-Jähriger, der die Wartezeit auf den Medizinstudienplatz als Schafscherer in Neuseeland und Handkäs-Portionierer in der Wetterau verbracht hatte. Nun, ich sage es ehrlich: Mein Kopf war leer. Leer wie ein Hörsaal in den Semesterferien, leer wie die Mensa, wenn Fischaugen im eigenen Sud auf dem Speiseplan standen.

Ich erinnerte mich an meine selbstorakelte Zukunft als Chirurg. »Vanessa, was sagst du dazu? Kann ein Mensch drei Schienbeinknochen haben?«

Vanessa trat an den Tapeziertisch heran. Sie besah sich die drei Knochen, holte ein Paar Gummihandschuhe aus ihrer Jacke – die führte sie offensichtlich immer mit sich –, zog sie über und nahm einen der drei fraglichen Knochen in die Hand. Sie drehte ihn in alle Richtungen, betrachtete ihn ausführlich, legte ihn wieder auf den Tisch. »Dieser hier ist schmaler und kürzer als die anderen beiden. Der stammt nicht von Bodo.«

Professor Müdlich nickte, sagte aber nichts.

Vanessa fuhr in ihrer Analyse fort: »Außerdem befinden sich an diesem Knochen Reste der Sehnen und Bänder des Kniegelenks, hier seht mal ...«

»Was heißt das?«, fragte Tulay mit zitternder Stimme.

»Das heißt«, sagte Professor Müdlich, »dass dieser Knochen nicht von unserem Plastikskelett stammt, sondern von einem Menschen. Von einem *toten* Menschen selbstverständlich.«

Es dauerte eine Weile, bis diese Erkenntnis in unsere Gehirne gedrungen war.

»Wer hat den gefunden?«, fragte Müdlich.

Tulay hob langsam den Arm.

»Wo war das?«

Tulay schwankte. »Sie meinen doch wohl nicht, dass

ich das nach dieser Tortur bei diesem beschissenen Wetter jetzt noch weiß!«

Müdlich nickte und machte eine beschwichtigende Handbewegung.

»Was machen wir nun?«, fragte Vanessa.

»Eigentlich müssten wir die Polizei benachrichtigen«, sagte ich.

Alle sahen den Professor an. »Nein«, entschied er. »Wir sind die Detektive der medizinischen Diagnostik, die Spurensucher der menschlichen DNA. Wir werden den Fall selbst lösen.«

»Sind Sie sicher?«, fragte ich.

»Ja. Packen Sie Bodo ein, den überzähligen Knochen auch, aber in eine separate Tüte. Vanessa und Richard, morgen früh um 10 Uhr im Labor C. Überlegen Sie schon mal, welche Analysen Sie durchführen könnten.«

»Und keine Polizei?«

»Nein. Die geben die Analyse nur wieder diesem Professor Mittermeier in Gießen, der hat sowieso keine Ahnung.«

Es war bereits nach Mitternacht, als Nikodemus uns wieder hinter der Elisabethkirche absetzte.

M-Lab Teil 2 – siehe Seite 76

FREIZEITTIPPS:

Touristik Lich:
Lich ist die Stadt im Herzen der Natur, mitten in Oberhessen.
www.lich.de

23. Maislabyrinth
Das Maislabyrinth im Licher Ortsteil Eberstadt wird alle zwei Jahre (zu ungeraden Jahreszahlen) von der Familie Weisel in direkter Nachbarschaft ihres Lindenhofs angelegt. Jedes Mal denkt sich Volker Weisel ein neues Labyrinthschema aus. Edith Weisel leitet die Aktivitäten rund um das Maisfeld mit Speis und Trank, Musikveranstaltungen, Lesungen, Planwagenfahrten und Kinderfesten. Am Zielpunkt in der Mitte des Labyrinths steht ein Turm, von dem aus der Blick über die gesamte Wetterau genossen werden kann, bei klarem Wetter erkennt man den Feldberg im Taunus, den Sendeturm auf dem Hoherodskopf und die Spitzen der Frankfurter Skyline. Im Gegensatz zu den Marburger Studenten im Kurzkrimi »M-Lab« können reale Besucher das Maislabyrinth jedoch nur bei Tageslicht betreten.
www.irren-im-mais.de

24. Die Licher Privatbrauerei
Hier können Sie dem Braumeister über die Schulter schauen und nach einem einstündigen Rundgang ein

frisch gezapftes Licher Bier genießen. Die Brauerei öffnet jedes Jahr ihre Pforten für 20.000 Besucher, das entspricht der doppelten Einwohnerzahl der Stadt Lich. Übrigens: Die Licher Privatbrauerei ist eine der wenigen in Deutschland, die noch über ein eigenes Pferdegespann verfügt. Acht belgische Kaltblüter stehen in den Licher Stallungen und präsentieren die Brauerei auf bis zu 30 Festumzügen im Jahr.
www.licher.de > Brauerei > Besichtigung

25. Burg Münzenberg
Diese gut erhaltene Burgruine stammt aus dem 12. Jahrhundert und wird auch »Wetterauer Tintenfaß« genannt. Die zwei mächtigen Bergfriede sind weithin sichtbar, auch von den beiden oberhessischen Autobahnabschnitten (A5 und A45) aus.
www.muenzenberg.de/fuehrungen.html

26. Kino Traumstern
Ein in Oberhessen sehr bekanntes Programmkino. Im Dezember 2015 wurde es von der Kulturstaatsministerin Dr. Monika Grütters für sein Gesamtprogramm, speziell für die Dokumentar- und Kurzfilme sowie das Kinder- und Jugendprogramm, ausgezeichnet.
www.kino-traumstern.de

27. Limes-Radweg
Durch die Licher Stadtteile Muschenheim, Birklar und Bettenhausen führt der Deutsche Limes-Radweg.

Dieser folgt dem Obergermanisch-Raetischen Limes über 818 km von Bad Hönningen am Rhein nach Regensburg an der Donau. Überall finden Sie Reste der Wehranlage und können in die römisch-germanische Geschichte eintauchen. Der nördlichste Punkt des Limes befindet sich in Pohlheim zwischen Lich und Gießen. Eine Beschreibung des gesamten Radwegs in acht Etappen mit GPS-Daten finden Sie hier:
www.limesstrasse.de > Radweg

28. Historische Gebäude
Wer sich für historische Gebäude und Fachwerkhäuser interessiert, sollte den von der Stadt Lich empfohlenen Historienrundgang nicht versäumen. Sie sehen dabei Rathaus, Textorhaus, Marienstiftskirche, Stadtturm, Pfarrhaus, Rosengärtchen, ehemaliges Amtsgericht, fürstlichen Marstall, Licher Schloss und Hofapotheke – um nur einige Highlights zu nennen. Den kompletten Rundgang mit durchnummerierten Stationen und den zugehörigen Erklärungen finden Sie als PDF-Download unter:
www.lich.de > Kultur-Tourismus > Steckbrief und Geschichte > Steckbrief Lich > Flyer »Historie (braun)«

29. Bürgerpark
Einer privaten Initiative folgend entstand in Lich ein Park von Bürgern für Bürger. Die Stadt unterstützte mit einem Grundstück, die Organisation und die

Suche nach Sponsoren oblag allein dem Bürgerpark e. V. Das Konzept vereint Jung und Alt: Kinder-Abenteuerland, Seilbahn, Seniorenbänke, Generationentreffpunkt, Skaterpark, Basketballplatz und Boule-Bahn. Eine gelungene Mischung.
www.buergerpark-lich.de

30. Schlosspark

Der insgesamt 7 Hektar umfassende, von Fürst Ludwig zu Solms-Hohensolms-Lich geschaffene Schlosspark gehört zu den schönsten und größten Schlossgärten in Oberhessen. Etwa zwei Drittel des Parks sind für die Öffentlichkeit zugänglich, der Rest ist der Privatnutzung der fürstlichen Familie vorbehalten, die bis heute das Schloss bewohnt.
www.lich.de > Kultur und Tourismus > Kultur und Bildung > Markante Orte

31. Kloster Arnsburg

Das Klostergelände mit dem nahe gelegenen Wildpark ist eines der beliebtesten Ausflugsziele im Kreis Gießen. Erste Spuren menschlicher Besiedlung stammen aus der Bronzezeit, die Klostergründung erfolgte 1174. Der Freundeskreis Kloster Arnsburg e. V. bietet Führungen durch das alte Zisterzienserkloster an. Im Dormitorium und in den angrenzenden Räumen finden Ausstellungen und Konzerte statt. Die »Alte Klostermühle« und das »Landhaus Klosterwald« locken mit kulinarischen Genüssen. Der Besuch im Wildpark

Klosterwald, etwa 500 Meter vom Kloster entfernt, lohnt sich besonders mit Kindern.

www.kloster-arnsburg.de

32. Platane am Kloster Arnsburg
Die ahornblättrige Platane (Platanus hispanica) ist ein typischer Parkbaum, der bis zu 45 Meter hoch werden kann. Die mit 39 Metern zweitgrößte Platane in Deutschland steht auf dem Gelände des Kloster Arnsburg. Ihr maximaler Umfang beträgt 6,19 Meter – ein beeindruckendes Naturmonument. Informationen zu weiteren Baumrekorden finden Sie hier:

www.monumentaltrees.com > Bäume > Rekorde

33. Fotomotive in Lich
Die Platane im Kloster Arnsburg, der Schlosspark und die vielen historischen Gebäude in Lich sind es wert, durch eine kreative Fotografie verewigt zu werden. Gelegenheit dazu bietet der Licher Fotowettbewerb. Prämiert werden Bilder zum Thema »Mensch und Natur«, die Bewertung übernimmt eine Jury unter dem Vorsitz des ehemaligen Leiters der Leica-Akademie Wetzlar. Neben den vier Siegerfotos werden weitere 46 Bilder ausgewählt, die nach der Preisverleihung an einer Wanderausstellung in Oberhessen teilnehmen. Die Teilnahmebedingungen finden Sie unter:

www.licher.de/aktionen/fotopreis

4. DER SCHWEIGSAME SCHWÄTZER

GIESSEN

Wenn ein Mensch wie Günther Lippstadt verschwindet, fällt das normalerweise nicht auf. Wer vermisst schon einen Obdachlosen, einen Penner, der täglich durch die Gießener Innenstadt läuft, nahezu jeden Menschen anspricht und in die Geschäfte hineingeht, um den Angestellten eine Unterhaltung aufzudrängen. Wer vermisst schon einen Mann, der einfach nur »der Schwätzer« genannt wird.

Doch in diesem Fall ist es anders. Als Hans-Hubert Lenzen am 14. Juli kurz vor 7 Uhr seinen Kiosk öffnet, vermisst er den Schwätzer. Üblicherweise treffen sie sich jeden Morgen an Lenzens Kiosk am südlichen Ende der Plockstraße, in der Nähe des Blumen-Corso. Sie öffnen gemeinsam die bereits vor der Tür liegenden Zeitungsstapel und räumen die leeren Flaschen vom Vortag in einen kleinen Verschlag. Während Hans-Hubert Lenzen anschließend die Kaffeemaschine einschaltet und die Lottoannahmestelle vorbereitet, holt der Schwätzer zwei Flaschen Bier aus dem Kühlschrank, geht hinaus an einen der Stehtische vor dem Kiosk und wartet dort in aller Ruhe auf »Hubi«, um mit ihm zu frühstücken. Und natürlich, um mit ihm ein Schwätzchen zu halten, bevor die ersten Kunden auftauchen.

Noch macht sich Hans-Hubert Lenzen an diesem Julitag keine Sorgen, denn er ist nicht der Typ, der Erwartungen an seine Mitmenschen stellt. Selbst als ihm einfällt, dass der Schwätzer heute Geburtstag hat, bleibt er ruhig und putzt die Scheibe des Verkaufsfensters. Doch als er dabei zufällig einen Blick die Plockstraße entlang wirft, wird er unruhig. Er geht ein paar Schritte Richtung Seltersweg. Die Wärme der Sonnenstrahlen ist bereits spürbar. In der Nacht hat es geregnet, von den Pflastersteinen steigen weiße Schwaden auf. Noch immer kann er die drei Bronzefiguren an der Kreuzung vor ihm nicht genau erkennen. Das Gießener Wahrzeichen, mitten in der Fußgängerzone, eine Frau und zwei Männer in Originalgröße, lebensecht, schwätzend, mit Bierbauch, Einkaufstasche und den typischen Gesten der alltäglichen Wichtigkeit. Die drei Schwätzer. Als er näher kommt, sieht Hans-Hubert Lenzen entsetzt, dass seine Ahnung zur Gewissheit geworden ist: Eine der Figuren fehlt. Einer der beiden männlichen Schwätzer ist verschwunden. Der mit dem Bierbauch. Er kann sich das überhaupt nicht erklären, er sucht auch gar nicht erst nach einer Erklärung, er weiß nur, dass etwas Schlimmes passiert ist.

Eiligen Schrittes läuft er zurück zum Kiosk und stürzt ans Telefon.

»Hier Polizeioberkommissar Schneider, was kann ich für Sie …?«

»Sie müsse sofort komme, Herr Wachtmeister, der Schwätzer is verschwunne!«

»Moment bitte, erstens bin ich nicht Wachtmeister, sondern Polizeioberkommissar und zweitens brauche ich zuerst einmal Ihren Namen.«

»Ei klar doch, ich bin der Hubi … also der Hans-Hubert Lenzen vom Kiosk in der Plockstraße.« Er versucht, ebenso korrekt zu reden wie der Polizist, was ihm in der Aufregung allerdings schwerfällt. »Der Schwätzer is weg, verschwunne!«

»Ja, Herr Lenzen, das ist uns bereits bekannt. Irgendein Rowdy hat die Figur heute Nacht mit der Flex abgetrennt und fortgebracht. Ein Anwohner hat das gehört und sofort bei uns angerufen, wir kamen jedoch leider zu spät. Der Täter konnte mit der Bronzefigur entkommen.«

»Ich mein aber net die Figur, sondern den Günther!«

»Welchen Günther bitte?«

Mühsam erklärt Hans-Hubert Lenzen dem Polizist, wer Günther Lippstadt ist.

»Wann haben Sie denn diesen Herrn … Lippstadt zuletzt gesehen?«

»Ei, gestern Abend, hier an meinem Kiosk, da war er noch gut drauf, verstehen Sie?«

»Ja, das verstehe ich, aber eine Suchmeldung darf ich erst nach 24 Stunden veranlassen.«

»Aber dann isser vielleicht schon tot!«

»Na, na, Herr Lenzen, wie kommen Sie denn darauf?«

»Wissen Sie, an einem normalen Tag wär ich net so aufgeregt, aber heut ist der 14. Juli und da hat der Schwätzer Geburtstag, das weiß ich genau, weil vierzehn das Doppelte von sieben ist, das hat er tausendmal erzählt, und da muss er kommen, da treffen wir uns immer mit dem Ewald Junge auf 'n Bier, des hat Tradition ...« Hans-Hubert Lenzen bückt sich, wirft einen Blick durch das kleine Verkaufsfenster des Kiosks. »Und der Ewald ist auch schon da, steht vor meinem Kiosk und liest Zeitung.«

»Welcher Ewald Junge?«, fragt Hauptwachtmeister Schneider.

»Na, der von der Hotelkette.«

»Ach, Sie meinen *den* Ewald Junge, dem die Hotelkette ›Junge Hotels‹ gehört?«

»Ei sicher!«

Am anderen Ende der Telefonleitung entsteht eine Pause.

»Sind Sie noch da, Herr Wachtmeister?«

»Natürlich!«, antwortet Schneider und vergisst sogar die obligatorische Rüge wegen des falschen Dienstgrads. »Ich bin in zehn Minuten bei Ihnen!«

»Na also, warum net gleich so«, murmelt Hans-Hubert Lenzen.

Er holt drei Flaschen Bier aus dem Kühlschrank und geht nach draußen. Dort begrüßt er Ewald, öffnet zwei Flaschen, die dritte stellt er neben sich, die ist für Günther Lippstadt reserviert. Dann berichtet er Ewald aufgeregt, was passiert ist.

»Nun beruhige dich erst mal Hubi, der Günther taucht schon wieder auf, du weißt ja, er ist gern unabhängig!«

»Ja, ja, Ewald, aber doch net heut, an seinem Geburtstag!«

»Wer weiß. Erst mal Prost!«

Sie stoßen an, aber das Frühstücksbier will Hans-Hubert Lenzen an diesem Tag nicht so richtig schmecken. Kaum hat er den ersten Schluck genommen, hält ein Streifenwagen in der Johannesstraße. Ein langer, dünner Polizist, mindestens 1,90 Meter groß, und seine junge, recht zierliche Kollegin steigen aus. Schnellen Schrittes kommen sie auf Ewald Junge zu.

»Guten Morgen, Herr Junge, schön Sie wiederzusehen!«, sagt der Polizist.

»Morgen, Schneider!«, antwortet Junge und nickt der Polizistin zu.

»Ich habe gehört, Sie waren hier mit dem Schwätzer verabredet?«, fragt Schneider.

»Ja, das stimmt.«

»Warum, ich meine Sie und …?«

»Günther, Hubi und ich waren zusammen auf der Schule, Landgraf-Ludwig-Gymnasium. Irgendwie hat Günther immer Pech gehabt …«

»Stimmt«, wirft Hans-Hubert Lenzen ein, um sich bemerkbar zu machen, »er sagt immer: ›Das Glück verfolgt mich, aber ich bin schneller!‹«

Die junge Polizistin lächelt.

Polizeioberkommissar Schneider lächelt nicht. »Herr Junge, wenn Sie möchten, kann ich ausnahmsweise schon jetzt eine Personensuchmeldung veranlassen, obwohl das laut Dienstordnung erst nach 24 Stunden geschehen darf, aber bei Ihnen würde ich …«

»Danke, Schneider«, antwortet Ewald Junge, »das ist nett von Ihnen, aber nicht notwendig. Günther liebt seine Freiheit, und wenn er heute Vormittag nicht auftaucht, dann hat das nichts zu sagen, auch nicht an seinem Geburtstag, warten Sie ruhig erst mal bis morgen früh.«

Hans-Hubert Lenzen ist verärgert. Offensichtlich will niemand mit ihm sprechen. Er geht zurück in den Kiosk und kümmert sich missmutig um seine Kunden. Ab und zu lugt er durch die Scheibe, um zu sehen, ob Ewald und dieser Polizeioberschnösel immer noch da sind. Ja, sie stehen draußen und unterhalten sich angeregt. Er beobachtet, wie sie in Richtung der Schwätzer-Figuren zeigen, danach zu ihm herübersehen und dabei heftig den Kopf schütteln. Die Beamtin kommt herein und bestellt zwei Kaffee für ihren Kollegen und Herrn Junge. Lenzen wundert sich, dass die Polizei so viel Zeit hat zur Bürgerbetreuung. Nach über einer Stunde verabschieden sie sich und der Streifenwagen verschwindet in Richtung Stadttheater. Ewald Junge winkt Lenzen kurz zu und steigt in Sichtweite des Kiosks in seinen silbernen Mercedes. Die Hotelkette wartet.

Es ist ein heißer Julitag in Oberhessen und Hans-Hubert Lenzen hat viel zu tun. Kalte Getränke und Eiscreme sind die Renner, zwischendurch verkauft er Lottoscheine, Zeitschriften und Kaugummi – es verspricht, ein guter Geschäftstag zu werden. Lenzen ist so beschäftigt, dass er die Geschichte mit dem Schwätzer fast vergessen hat. Doch dann, zur Mittagszeit, hört er ein Fahrzeug neben seinem Kiosk halten. Es ist ein Streifenwagen. Der schlaksige Polizist und seine junge Kollegin steigen aus. »Kann ich mal reinkommen, Herr Lenzen?«, fragt Schneider.

Hans-Hubert Lenzen nickt erstaunt.

Ein Kunde steht am Tresen und liest Zeitung. Schneider bittet ihn, draußen zu warten, dies sei eine polizeiliche Ermittlung. Hans-Hubert Lenzen sieht den Hauptwachtmeister mit großen Augen an. Seine Hände verkrampfen sich. »Ist er ... tot?«

Die junge Beamtin tritt unruhig von einem Fuß auf den anderen. Schneider wirkt blass. »Es tut mir leid, er ist tatsächlich tot. Vor einer Stunde haben wir ihn in der Nähe der Badenburg aus der Lahn gezogen. Wir haben das wohl ...«

»... net ernst genomme!«, ergänzt Hans-Hubert Lenzen.

Schneider nickt.

»Wie isser denn ...?«

»Er wurde ermordet.«

»Ermordet«, wiederholt Lenzen lakonisch.

»Ja, er wurde erschlagen und dann in die Lahn

geworfen, der Mörder hat ihn an einen schweren Gegenstand gekettet.«

Hans-Hubert Lenzen reißt entsetzt die Augen auf.

»Der Schwätzer wurde an den Schwätzer gekettet?«

»Genau«, sagt Schneider, »allerdings hat sich die Kette am Wehr gelöst und so wurde der Körper an die Oberfläche getrieben.«

Lenzen muss sich setzen.

»Wir haben Herrn Junge bereits benachrichtigt«, fährt der Polizist fort, »er kann sich nicht erklären, wer das getan haben könnte und warum. Ein Raubmord scheidet ja aus, bleibt eigentlich nur noch eine Beziehungstat. Fällt Ihnen dazu etwas ein?«

Lenzen schüttelt den Kopf.

»Hatte Herr Lippstadt Verwandte?«

»Nein, seine Familie ist vor acht Jahren bei einem Hausbrand in Wieseck ums Leben gekommen. Frau und zwei Kinder.«

»Oh. Sonstige Freunde, Bekannte?«

»Bekannte hat er viele, eigentlich die ganze Stadt. Freunde hat … also hatte er nur zwei, Ewald und mich.«

»Frauen?«

Hans-Hubert Lenzen winkt ab.

»Wissen Sie, wo er sich nachts aufhielt?«

»Den Sommer über im Bergwerkswald. Er liebt den Wald. Da muss er einen Unterschlupf haben.«

»Und im Winter?«

»Meistens geht er in Ewalds Schrebergarten, draußen im Leihgesterner Weg, das hat Ewald ihm erlaubt. Im

Winter braucht er die Gartenhütte sowieso net. Wenn's zu kalt wird, geht der Günther, oh je, ich meine, ging er … ins Männerwohnheim. Margaretenhütte. Sie wissen schon.« Hans-Hubert Lenzen schluckt schwer.

»Gut, meine Kollegin nimmt jetzt ein Protokoll mit Ihnen auf, ich muss weiter, wenn wir etwas Neues hören, melden wir uns.«

Nachdem er das Protokoll unterschrieben hat, fühlt sich Hans-Hubert Lenzen so ausgelaugt, dass er am liebsten nach Hause gehen möchte. Aber draußen stehen drei Männer, die Bier wollen, und einige Schulkinder, die nach Süßigkeiten verlangen. Dann kommt eine ältere Frau aus Klein-Linden mit einem Lottogewinn. Er prüft den Lottoschein und vergleicht die Nummer mit dem bei ihm hinterlegten Kontrollschein. Alles passt. Wenigstens ein Mensch, den er heute glücklich macht, denkt er. Es ist ein Vierer und bringt der Rentnerin 90 Euro. Sie freut sich und wird davon eine Fahrkarte zu ihrer Tochter nach Berlin kaufen. Er gratuliert ihr, und zur Feier des Tages spendiert sie einen Kaffee für sich und Lenzen.

Als die alte Dame verschwunden ist, packt er die Lottounterlagen wieder in die Schublade. Dabei fällt sein Blick auf die beiden Kontrollscheine, für die der Gewinn noch nicht abgeholt wurde. Der eine ist ein Dreier, der andere ein Sechser mit Zusatzzahl. Nachdenklich blickt er auf die angekreuzten Zahlen. Manche Leute haben seltsame Tippsysteme: 1, 4, 7, 14, 19,

46. Irgendwie kommen ihm diese Zahlen bekannt vor. Hans-Hubert Lenzen staunt über sich selbst. Gefühlsduselei ist eigentlich seine Sache nicht. Normalerweise versucht er, klar und sachlich abzuwägen. Doch heute hat er schon zum zweiten Mal eine so starke Ahnung, dass er erneut bei der Polizei anruft. Diesmal ist Polizeioberkommissar Schneider wesentlich offener für sein Anliegen. Er wolle das prüfen und bedankt sich ausdrücklich für den Anruf.
Zehn Minuten später ruft er zurück und bestätigt Hans-Hubert Lenzens Verdacht. Damit ist klar, warum der Schwätzer umgebracht wurde. Nun fehlt nur noch der Mörder. Nur noch. Sie überlegen hin und her, unschlüssig, was zu tun ist. Dann hat Schneider eine Idee. Lenzen ist erstaunt, das hätte er dem Polizeioberkommissar nicht zugetraut, und er ist sofort bereit, mitzumachen. Er legt auf und atmet zweimal tief durch. Dann greift er nach dem Telefonbuch. ... G, H, I, J – Junge, Ewald.
Eine halbe Stunde später hält der silberne Mercedes vor dem Kiosk. Ewald Junge tritt ein. Fast wäre er über einige Kisten mit leeren Flaschen gestolpert. »Soso, du glaubst also zu wissen, wer Günthers Mörder ist?«
Lenzen hebt den Zeigefinger. »Wahrscheinlich hat Günther irgendwem gesagt, dass er einen Sechser im Lotto hat. Ich hab den Kontrollschein hier, die Zahlen enthalten sein Geburtsdatum: 14. Juli 1946. Ich war mir net ganz sicher wegen der Jahreszahl, aber die Polizei hat das überprüft. Es stimmt. Wahrscheinlich hat die-

ser ›Jemand‹ den Lottoschein gesucht und in der Gartenhütte gefunden – klar, das war net schwer. Offensichtlich hat sich der Mann mit Günther gestritten, hat zugeschlagen, vielleicht mit einem Gartenwerkzeug, rums! In der Hütte sind jedenfalls Blutspuren und Haare gefunden worden.«

Ewald Junge fuchtelt mit den Händen vor Lenzens Gesicht herum. »Möglicherweise ... jemand ... was ist das für ein Geschwätz?«

»Du hattest heute früh recht, Ewald. Der Schwätzer ist tatsächlich wieder aufgetaucht. Die Kette hat sich gelöst.«

Ewald Junge sieht ihn entgeistert an.

Lenzen wählt seine Worte sorgsam. »Warum nur hat der Mörder ausgerechnet diese schwere Figur an den Günther gehängt, die musste er nachts mühsam abtrennen und ins Auto schleppen, das versteh' ich net!«

»Kein Wunder, Hubi, du hast ja auch nie verstanden, dass Günther ein bloßer Schwätzer war!« Ewald Junge wird laut.

»Natürlich wusste ich das«, antwortet Hans-Hubert Lenzen ruhig, »die ganze Stadt wusste es.«

»Quatsch, das meine ich nicht. Günther hat immer nur geredet, statt zu handeln, das war schon in der Schule so. Einmal hatten wir uns verabredet, um dem Mathelehrer eins auszuwischen, hatten einen kleinen Sprengsatz gebastelt, völlig harmlos, den wollten wir unter sein Auto legen. Was meinst du, wer kurz vorher abgehauen ist? Günther. In der zehnten Klasse hatten wir uns verabredet, zum ersten Mal zusammen in den Puff zu gehen. Oben in der Grünberger Straße bei den Amis. Wer hat gekniffen? Günther. Später haben wir zusammen eine Hotelkette aufgebaut, Superidee, ganz einfache Zimmer für Studenten, sozusagen eine WG auf Abruf, wegen der Zimmerknappheit für Studenten hier in Gießen. Als vor acht Jahren alles einigermaßen lief, hat er sich einfach vom Acker gemacht. Mich hat das fast die Existenz gekostet, bin nur knapp der Insolvenz entgangen. Den Lottogewinn habe *ich* verdient, nicht er. Verstanden?!«

»Ja, das habe ich verstanden. Und dann hast du den armen Kerl an die Schwätzerfigur gekettet, um seine Geschwätzigkeit symbolisch in der Lahn zu ertränken, stimmt's?«

Ewald Junge antwortet nicht.

»So war es doch, Ewald, oder?«

»Ja, verdammt, Hubi, so war es, aber zum Glück wird mir das nie jemand nachweisen können!«

Mit einem Ruck wird die Tür des Verschlags aufgestoßen, in dem sonst die leeren Flaschen lagern, die junge Polizistin springt heraus. »Herr Junge, diesmal haben Sie Pech gehabt, ich habe alles mitgehört. Sie sind vorläufig festgenommen!«

Ewald Junge reagiert sofort. Er reißt die Kiosktür auf und rennt los. Nach zwei Schritten verliert er das Gleichgewicht und schlägt hart auf das Pflaster der Plockstraße auf. Er ist über ein langes Bein gestolpert. »Zu viel geschwätzt, Junge!«, sagt Schneider.

FREIZEITTIPPS:

Touristik Gießen:
Gießen ist als Studenten- und Einkaufsstadt das Zentrum von Oberhessen.
 www.giessen.de

34. Burgen und Berge, Burg Gleiberg
Der Blick von der Stadt durch das Gießener Becken bietet ein beeindruckendes Bild: im Westen der Dünsberg, nach Norden hinüber Gleiberg und Vetzberg, wie an der Kette aufgereiht, in der Lahnniederung die Badenburg und im Nordosten die Burg Staufenberg. Der Dünsberg bewaldet, immer etwas im Dunst liegend, wie der Name sagt, der Gleiberg mit einer gut restaurierten, bewirtschafteten Burg, der Vetzberg mit einer Ruine. Burg Gleiberg ist eine der wenigen mittelalterlichen Burganlagen, die sich im Besitz eines unabhängigen Vereins befinden, dem Gleiberg-Verein. Die Mitglieder bemühen sich seit 1879 sehr erfolgreich um den Erhalt und Betrieb der Burg:
 www.burg-gleiberg.de
 Die gehobene Gastronomie auf Burg Gleiberg ist bekannt in ganz Oberhessen und wird besonders im Raum Gießen und Wetzlar gern für Familienfeiern gebucht:
 www.burggleiberg.de

35. Badenburg

Nach dem historischen Rückblick auf die Stadt Butzbach begegnet uns hier erneut der Revolutionär und Schriftsteller Georg Büchner. Als er sich 1833 zum Medizinstudium in der großherzoglich-hessischen Landesuniversität Gießen einschrieb, war er entschlossen, das herrschende feudale Gesellschaftssystem, das die arme Landbevölkerung unterdrückte, zu verändern – notfalls sogar mit Gewalt. Er verbündete sich mit dem Butzbacher Schulrektor Friedrich Ludwig Weidig und den Gießener Mitstudenten Paul Follen und Karl Minnigerode. Die geheimen Sitzungen ihres »Pressevereins« fanden auf der Badenburg statt. »Friede den Hütten, Krieg den Palästen!« lautete ihre heute noch bekannte Parole. 1834 versuchte Minnigerode, 139 Exemplare des »Hessischen Landboten« von der Druckerei in Offenbach nach Gießen zu bringen, wurde dabei aber aufgrund eines Verrats von der großherzoglichen Polizei verhaftet. Besorgt lief Büchner von Gießen über Butzbach nach Offenbach, um seine Freunde zu warnen, eine Art hessischer Marathonlauf, allerdings mit einer schlechten Botschaft im Gepäck.

Ein Ausflug zur Badenburg lässt sich gut mit einer Wanderung oder Radtour entlang der Lahn verbinden. Falls Sie dann ordentlich Hunger haben, passt dies zur Gastronomie im Ritterkeller der Badenburg: zünftig und reichlich. Legendär sind die »Schippe Dreck« und das »Kutscherschnitzel«.

www.badenburg.de

36. Staufenberg
Das Gießener Burgenprofil wird ergänzt durch die Burg Staufenberg, vermutlich entstanden im 13. Jahrhundert.

In dem beschaulichen Ort unterhalb der Burg wohnte von 1946 bis 1977 der hochdekorierte Autor Peter Kurzeck, der unter anderem die oberhessische Mundart porträtierte.

www.burg-hotel-staufenberg.com

37. Bootstouren auf der Lahn
Die Lahn eignet sich hervorragend für Freizeitaktivitäten. Ursprünglichkeit, Naturerlebnis, stilles Dahingleiten – das sind die passenden Stichworte. Von Weimar-Roth – zwischen Marburg und Gießen – kann der Fluss stromabwärts mit kleinen Motorbooten, Kanus und Paddelbooten befahren werden. Der Bereich um Gießen bis zu den beiden Wetzlarer Wehren ist einer der schönsten Abschnitte mit naturbelassenen oder renaturierten Ufern. Der Marine-Verein Gießen – ja, so etwas gibt es auch fernab der Weltmeere! – bietet Rundfahrten auf den kleinen Ausflugsschiffen vom Typ »Schlammbeißer« an.

www.lahntours.de
www.loganatours.de
www.kanutours-giessen.com

38. Oberhessischer Geschichtsverein
Der Verein wurde 1878 gegründet und widmet sich, wie bereits im Vorwort erwähnt, der Aufarbeitung

regionaler Geschichte und dem Erhalt historischer Gebäude. Mit vehementen Protesten trug er maßgeblich dazu bei, den Abriss des Alten Schlosses in Gießen zu verhindern. Dieses steht heute am Brandplatz als Symbol für die am 6. Dezember 1944 durch Bomben größtenteils zerstörte Altstadt.
www.ohg-giessen.de
www.giessen-entdecken.de/locations/oberhessisches-museum-altes-schloss oder www.burgenarchiv.de > Suchfeld: Gießen

39. Oberhessisches Museum
Das Museum verteilt sich auf drei Standorte: Außer dem oben erwähnten Alten Schloss zählen dazu das Leib'sche Haus und das Wallenfels'sche Haus. Die Themenschwerpunkte liegen auf Stadtgeschichte und Völkerkunde. Sogar aus der sagenumwobenen Stadt Troja sind Exponate vorhanden.
www.giessen.de/Oberhessisches_Museum

40. Cafés und Restaurants
Die Genussszene in Gießen ist jung, lebhaft und breit gefächert. Im Bereich der Innenstadt prägen Studentenkneipen und Bistros das Bild. Legendär: das »Dach Café« mit Sky-Bar im 13. Stockwerk des einzigen Gießener Innenstadt-Hochhauses (Ludwigsplatz). Echt süß: die »Chocolaterie« (Mühlstraße 3) mit Schokolade in jeglicher Form und Geschmacksrichtung, Trüffelseminaren und Schokolade-und-Wein-Workshops.

Urig: »Woscht Anna«, der bekannteste Imbisswagen Gießens (Ostanlage/Ecke Moltkestraße), seit Jahrzehnten die beste Bratwurst in Gießen. Oberhessische Spezialitäten: »Justus im Hessischen Hof« (Frankfurter Straße) und »Hawwerkasten« (Landgraf-Philipp-Platz). Gehoben/klassisch: »Schlosskeller« (Brandplatz) und »Park-Restaurant« im Hotel Steinsgarten (Hein-Heckroth-Straße). Mit Blick aufs Wasser: verschiedene Restaurants im Wißmarer Weg und in der Bootshausstraße.

41. Ulenspiegel
Der legendäre Club im Herzen von Gießen (Seltersweg 55) ist bekannt für Kleinkunst, Musik und Tanz. In direkter Nachbarschaft (Seltersweg 53) ergänzt das Restaurant »Kleiner Lenz« mit Kneipe und Biergarten das Vergnügungsangebot im Hinterhof.
www.ulenspiegel-giessen.de

42. Krimis und mehr
Birgit Hohmann hatte genau den Mut, den viele Krimihelden für sich beanspruchen: Die Germanistin eröffnete 2007 in Gießen mit »Miss Marple's« eine Krimi-Themenbuchhandlung (Bahnhofstraße 43).
www.missmarples-books.de
Dabei wurde sie auch von der Idee getrieben, mit Lesungen eine kulturelle Institution in der Stadt zu etablieren. Zusammen mit dem Journalisten Rainer Scheer, dem Café Zeitlos und dem Hotel Köhler (Westan-

lage 33–35) gelang es, die Veranstaltungsreihe »Crime Time« zu etablieren, die bereits seit Jahren zum Gießener Kulturprogramm gehört.
www.crimetime-giessen.de

43. Mathematikum

Mindestens genauso mutig war Prof. Albrecht Beutelspacher: Mithilfe der Stadt Gießen eröffnete der Universitätsprofessor 2002 in Anwesenheit von Bundespräsident Rau das Mathematikum. Und das zu einer Zeit, als Mitmach-Museen in der öffentlichen Wahrnehmung weitgehend unbekannt waren. Damit legte er die Grundlage für viele ähnliche Museen, in denen Mathematik, Physik und Technik in interessante, teils erstaunliche Experimente und Spiele umgesetzt werden.
www.mathematikum.de

44. Gießkannenmuseum

Es gehört zu den absoluten Raritäten der Museumslandschaft: das einzige deutsche Gießkannenmuseum. Dass es ausgerechnet in Gießen steht, durch die Namensähnlichkeit verbunden, wundert nicht. »Des Gärtners erste Pflicht: Gießen!« So hieß es 2014 bei der hessischen Landesgartenschau, bei deren Vorbereitung die Idee zu diesem Museum entstand. Es ist in dem Buch »Die 33 verblüffendsten Museen Deutschlands« enthalten.
www.giesskannenmuseum.de

45. Die drei Schwätzer
Die drei Schwätzer sind eine Gruppe von Bronzeskulpturen, die seit 1983 die Gießener Fußgängerzone an der Kreuzung Seltersweg/Plockstraße »bevölkern«. Von Ferne könnte man denken, es seien drei lebendige Personen, zwei Männer und eine Frau, die dort stehen und schwätzen. Sie sind originalgetreu nachgebildet, dem Alltag aus dem Gesicht geschnitten, die Hüfte in typischer Weise herausgestreckt, ebenso wie den Bierbauch, dazu die passenden Gesichter mit einem Mienenspiel, das wir alle nur zu gut kennen. So sind sie eben, die Leute! Karl-Henning Seemann schuf die drei Skulpturen im Auftrag der Volksbank Gießen zu ihrem 125-jährigen Jubiläum.

Eine der beiden männlichen Figuren diente als Ideenvorlage für die Krimigeschichte »Der schweigsame Schwätzer«.

46. Elefantenklo
Das im Volksmund so genannte Bauwerk ist eine Fußgängerplattform über einer der größten Gießener Kreuzungen (Frankfurter Straße/Westanlage). Erbaut wurde sie 1968, als die autogerechte Stadt im Fokus der Verkehrsplaner stand. Kaum eine andere Stadt verdrängte den Fußgänger- und Fahrradverkehr so konsequent von der Straße. Heute gilt das Bauwerk unter Architekten als Paradefall der inhumanen Stadterschließung. Die Plattform wirkt überdimensioniert und disproportional. Im Zusammenhang mit den drei

großen Öffnungen in der Mitte, die als Lichteinfall für die Autofahrer dienen sollen, bekam die Fußgängerplattform bereits bei ihrer Eröffnung den Spitznamen »Elefantenklo«. Mehrmals vom Abriss bedroht, gilt sie heute als Kultstätte und Wahrzeichen der Stadt Gießen.

47. Liebigmuseum

Mit der Justus-Liebig-Universität, der Technischen Hochschule Mittelhessen, der Hessischen Hochschule für Polizei und Verwaltung, der Freien Evangelischen Hochschule sowie der Verwaltungs- und Wirtschafts-Akademie hat Gießen mit 40 Prozent deutschlandweit den höchsten Studentenanteil an der Gesamtbevölkerung. Berühmte Professoren in Gießen waren der Namensgeber der Universität Justus von Liebig sowie Conrad Röntgen und Horst-Eberhard Richter. Bekannte Absolventen: Georg Büchner, Wilhelm Liebknecht und Frank-Walter Steinmeier. Dass auch der Autor dieses Buches zu den ehemaligen Gießener Studenten zählt, soll nur am Rand erwähnt werden. Justus von Liebig, der sowohl den Kunstdünger als auch Liebigs Fleischextrakt erfand, wird im Liebigmuseum (Liebigstraße 12) gewürdigt.
www.liebig-museum.de

48. Fünfziger-Vereinigung

Noch eine Gießener Spezialität: die Fünfziger-Vereinigung. Geselligkeit, Gemeinsamkeit und gegenseitige Hilfe für die Ü50-Einwohner Gießens sind die Kernpunkte dieser bundesweit einmaligen Seniorenverbindung. Nach Geburtsjahrgängen getrennt treffen sich Männer und Frauen der Fünfziger-Vereinigung, um zu reden, zu grillen oder Ausflüge zu unternehmen. Bloß keine Langeweile im Ruhestand aufkommen lassen – das hält jung! Das zentrale Büro befindet sich in der Villa Leutert (Ostanlage 25). Diese ist um einiges älter als 50 Jahre, sie wurde 1885 nach dem Vorbild eines Loire-Schlösschens erbaut.

www.giessener-fuenfziger.de

49. Wieseckaue
Beginnend mit dem Schwanenteich (Eichgärtenallee) erstreckt sich gen Nordosten bis zum Flüsschen Wieseck eine 35 Hektar große Auenlandschaft. Die Anfänge gehen zurück auf den Hessentag 1969, die Vollendung erfolgte zur hessischen Landesgartenschau 2014.

www.giessen-entdecken.de/locations/schwanenteich

50. Der Gießener Hausberg
Auf dem Schiffenberg südlich der Stadt geben sich bei gutem Wetter Wandergruppen, feiernde Studenten, verschiedene Musikgruppen, Theater- und Schauspielensembles, Schüler auf Klassenausflug und Gruppen der Fünfziger-Vereinigung die Hand. Mit anderen Worten: Der Schiffenberg mit seinem mittelalterlichen Klosterflair ist das beliebteste Ausflugsziel der Gießener.

www.giessen-entdecken.de/locations/kloster-schiffenberg

51. *Der Limes*

Der nördlichste Teil des römischen Grenzwalls zog sich durch das heutige Gebiet der Stadt Pohlheim im Landkreis Gießen. Auf der Website www.limes-pohlheim.de finden Sie eine übersichtliche Karte mit rekonstruierten Wachtürmen oder Wachturmruinen und den Resten eines Kastells. Hier können Sie in den Limeswanderweg oder den Limesradweg einsteigen:

www.limeswanderweg.info

www.limesstrasse.de > Deutsche-Limes-Straße > Radweg

5. M-LAB TEIL II

MARBURG

Sie erinnern sich an mich? Genau: Ritchie, der Radius-Mann. Falls Sie den zweiten Teil dieser Studentenparabel nicht direkt nach dem ersten lesen, möchte ich Ihrem Gedächtnis auf die Sprünge helfen und Ihnen den letzten Satz von Professor Müdlich in Erinnerung rufen: »Vanessa und Richard, morgen früh um 10 Uhr im Labor C. Überlegen Sie schon mal, welche Analysen Sie durchführen könnten.«

Ja, ich kann an dieser Stelle sagen, dass ich mir tatsächlich Gedanken gemacht habe.

Vanessa und ich trafen pünktlich im Labor C des Anatomischen Instituts in der Robert-Koch-Straße ein. Vanessa sah aus, als habe sie in der vergangenen Nacht kein Auge zugemacht. Doch so etwas sagt man einer Frau natürlich nicht, das weiß ich als weltgewandter Bursche sehr wohl. Außerdem sah ich mit Sicherheit nicht besser aus.

Zu unserem Erstaunen war Professor Müdlich noch nicht da. Niko öffnete die Tür. »Ihr sollt anfangen, Professor kommt später!«, brummte er und humpelte davon.

Ich stellte die Tasche mit Bodos Einzelteilen und dem überzähligen Schienbeinknochen auf den Tisch. Trotz unserer Müdigkeit begann sich mit unwiderstehlicher Macht eine Spannung auszubreiten, die uns zu höchster Konzentration antrieb. Was war das Geheimnis dieses Knochens?

Vanessa legte die Plastiktüte mit der Tibia auf den Labortisch, ich zog Handschuhe über, reichte auch Vanessa ein Paar, sie schaltete die Laborlampe ein, ich holte ein Vergrößerungsglas und einen Pinsel. Vorsichtig begannen wir, den Knochen zu untersuchen.

»Schau mal, Ritchie, hier ist der Knochen beschädigt.«

Ich hielt das Vergrößerungsglas über die Stelle, auf die sie zeigte. Tatsächlich: massive Zersetzungserscheinungen des Knochens im Mittelteil, großflächige Eindellungen und breite, runde Vertiefungen. Wir sahen uns an. Entsetzliche Bilder stiegen in mir auf.

»Ein Tier?«, begann ich laut zu denken.

Vanessa schüttelte den Kopf. »Keine scharfen Kanten von Reißzähnen.«

»Stimmt. Auch wenn – rein theoretisch – jemand den Knochen mit Werkzeug manipuliert hätte, um uns reinzulegen, wären scharfkantige Spuren zu erkennen.«

Vanessa nickte.

»Ich habe zwar noch keine große Ahnung von Tumoren«, überlegte ich weiter, »aber könnte das vielleicht Knochenfraß durch ein Sarkom sein?«

Sie sah mich respektvoll an. »Möglich. Ich schau mal im Medi-Net nach, ob ich dazu Bilder finde.«

»Moment, Vanessa. Ich habe einen anderen Vorschlag. *Ich* sehe im Internet nach und du machst eine DNA-Analyse, du kennst dich doch aus damit.«

»Äh, ja, kann ich machen, aber dazu brauche ich ein Vergleichspräparat.«

Ich zog eine kleine Plastiktüte aus der Jackentasche. »Hier, nimm das.«

Vanessa griff nach der Tüte, hielt sie vor die Laborlampe und betrachtete sie genau. »Ein paar graue Haare? Von wem stammen die?«

»Ehrlich gesagt, das möchte ich dir erst hinterher sagen, ist nur ein vager Verdacht, verstehst du?«

»Ritchie, mach bloß keinen Mist!«

»Nein, nein, vertrau mir ... bitte!«

»Also gut.« Sie entnahm eine kleine Probe unseres unbekannten Schienbeinknochens und verzog sich mitsamt den grauen Haaren ins DNA-Labor.

Sie können jetzt sicher meine doppelte Aufregung verstehen: erstens wegen des geheimnisvollen Knochens, zweitens wegen der coolsten Braut in ganz Marburg, vielleicht sogar in ganz Oberhessen, die doch tatsächlich meinem Sachverstand traute. Bravo, Ritchie!

Es dauerte fast eine Stunde, bis ich im Medi-Net Bilder von durch Sarkome zerfressenen Knochen fand. Doch die sahen anders aus. Ich beschloss, die beschädigten Stellen an der Tibia nochmals genau zu untersuchen. Als ich Licht und Vergrößerungsglas erneut auf den Knochen fokussierte, glaubte ich, meinen Augen kaum zu trauen: Aus dem Innern des Knochens krochen Maden empor, hunderte winzige weiße Maden, mit bloßem Auge kaum zu erkennen. Inzwischen bevölkerten sie den halben Knochen.

Was hatte das zu bedeuten?

Professor Müdlich war immer noch nicht erschienen und meine Kenntnisse in forensischer Medizin waren bescheiden. Nur eins war klar: Maden entstanden nicht an einem sauberen, im Kühlfach der Anatomie aufbewahrten Präparat. Maden entstanden nur an einem Knochen, der lange im Freien gelegen hatte. Möglicherweise in einem Grab.

Entschuldigen Sie, nun ist es doch etwas gruselig geworden. Aber da müssen Sie jetzt durch.

Mit Hunger kann ich nicht denken. Also beschloss ich, einen Abstecher ins »Aroma«, mein Lieblingsbistro, zu machen. Und ich wurde immer mutiger: Warum nicht Vanessa mitnehmen? Da ihr Analysegerät automatisch vor sich hinarbeitete, nahm sie die Einladung freudig an. Von einladen hatte ich zwar nichts gesagt, aber so sind die Frauen eben.

Wir bestellten gegrillte Maiskolben, sozusagen als Erinnerung an die gestrige Mutprobe, und diskutierten über den Knochen. Schließlich erzählte ich Vanessa Anekdoten aus meiner Kindheit und brachte sie sogar ein paarmal zum Lachen. Alle Beziehungsexperten unter uns Männern wissen, dass dies extrem wichtig ist, wenn man eine Frau erobern will.

Als wir wieder ins anatomische Institut zurückkamen, stand dort neben der Analysemaschine Professor Müdlich. Er legte seine Stirn in Falten. »Was tun Sie hier?«

Vanessa sah mich an.

»Na ja, Herr Professor«, stotterte ich, »wir fahren eine DNA-Analyse mit einer Probe der Tibia von gestern Abend.«

»Aha, und was haben Sie da drin als Vergleichsprobe?«

»Ein paar Haare.«

»Richard, von wem stammen diese Haare?«

Ich schluckte. »Von Ihnen, Herr Professor, die Haare stammen von Ihnen!«

Vanessas dunkelbraune Augen wurden so groß, wie ich sie noch nie gesehen hatte. Tolle Augen!

Müdlichs Gesicht erstarrte für einen Moment. Ich war innerlich auf einen Wutausbruch erster Klasse vorbereitet, das wäre ja auch verständlich gewesen. Doch er blieb ruhig, so als hätte er diesen Moment irgendwann einmal erwartet. Fast so als hätte er diesen Augenblick herbeigesehnt.

»Und? Ergebnis?«, fragte er mit belegter Stimme.

Vanessa betrachtete den Ausdruck. »Die DNA-Marker zeigen eine auffällige Übereinstimmung, man müsste noch …«

Professor Müdlich winkte ab. »Das ist nicht nötig. Vanessa, Richard … ich würde Sie gern zu einem Kaffee einladen und Ihnen das Ergebnis erläutern.«

Wir gingen zurück ins »Aroma«, das Wetter war freundlich, wir saßen auf der Terrasse. Professor Müdlich erklärte uns, dass Niko als Kind an einem Knochensarkom erkrankt war, das damals als inoperabel gegolten hatte. Inzwischen gab es moderne Methoden, mit denen man den Knochen hätte erhalten können, aber in Anbetracht der Situation hatten sich seine Eltern damals entschieden, einer Amputation zuzustimmen. Schienbein- und Wadenbeinknochen hatte Niko anschließend im Garten »begraben«.

»Aber wer hat die Tibia denn exhumiert?«, fragte ich.

»Er selbst«, antwortete der Professor.

»Er selbst?«

Müdlich nickte.

Ich war so von der Geschichte eingenommen, dass ich vergaß, die logisch folgende Frage nach dem Warum zu stellen.

Stattdessen hakte Vanessa nach: »Und was hat das nun mit Ihrer DNA zu tun, Herr Professor?«

»Ganz einfach: Niko ist mein Sohn!«

Vanessa setzte ihre Kaffeetasse ab und verschüttete dabei die Hälfte des Inhalts. Sie sah mich an, mit einem fragenden Blick, den ich sofort verstand. Hast du das gewusst? Nein, funkte ich zurück, höchstens geahnt.

»Ich, also, ich werde die Universität verlassen«, fuhr Müdlich fort. »Erstens, weil Nikos Mutter eine meiner Studentinnen war, in meiner Anfangszeit als Anatomielehrer. Und zweitens, weil ich gestern den ersten fachlichen Fehler seit vielen Jahren begangen habe.

Ich sagte im M-Lab, dass ›dieser Knochen von einem Menschen stammt. Von einem *toten* Menschen selbstverständlich.‹ Das war falsch. Er stammt von einem lebenden Menschen. Von meinem eigenen Sohn.«

Er kämpfte, um die Fassung nicht zu verlieren. »Niko hat darunter gelitten, dass ich ihn nie offiziell anerkannt habe. Deswegen hat er seinen Schienbeinknochen ausgegraben und unter Bodos Skelettteile gemischt. Er wollte damit erreichen, dass ich auf seine Situation aufmerksam werde. Wir haben darüber gesprochen, ausführlich, den gesamten Vormittag.«

Er holte tief Luft. »Ich werde ihn offiziell als meinen Sohn anerkennen. Ansonsten ... möchte ich Sie jetzt bitten, mich allein zu lassen!«

Wir nickten und verließen ohne ein weiteres Wort das Café. Als ich mich noch einmal umdrehte, sah ich an unserem Tisch einen alten grauhaarigen Mann sitzen.

Nachtrag: Nächste Woche werden Vanessa und ich eine gemeinsame Wohnung in der Barfüßerstraße beziehen. Wir haben beschlossen, die Geschichte für uns zu behalten, solch ein Geheimnis schweißt ja zusammen. Und falls wir mal einen Sohn bekommen sollten, wollen wir ihn Niko nennen. Nur den Traum vom Chirurgen, den habe ich begraben. Denn ich möchte auf keinen Fall in die Situation kommen, eine Amputation durchführen zu müssen. Eine kleine Landarztpraxis ist ja auch etwas Schönes.

FREIZEITTIPPS:

Touristik Marburg:
Marburg ist eine gelungene Symbiose aus Historie, Industriestandort und pulsierendem Studentenleben.
www.marburg.de

52. Die Oberstadt
Altstadt ist nicht gleich Altstadt. Die Marburger Oberstadt ist sicher eines der schönsten Fachwerkensembles in Hessen. Selbst wenn die Zeit nur für eine Stippvisite in Marburg reichen sollte: Ein kurzer Besuch in der Oberstadt sollte nicht fehlen.

53. Mit dem Aufzug in einen anderen Stadtteil
Von der Unter- in die Oberstadt per Aufzug – das ist schon etwas Besonderes. Sie können ins oberste Stockwerk des Parkhauses Oberstadt (Pilgrimstein 4) fahren, wechseln dort in einen zweiten Aufzug – beide sind durch eine Fußgängerbrücke verbunden – und landen direkt in der Fußgängerzone der Altstadt. Oder Sie nehmen den Expressaufzug (Pilgrimstein 24), der an mehrfach übereinandergebauten Häusern vorbeirauscht und Sie in der Nähe des historischen Marktplatzes entlässt. Glücklicherweise gibt es heute diesen bequemen Zugang zur Oberstadt, denn schon Jacob Grimm stellte 1802 fest: »In Marburg gibt es mehr Treppen auf den Straßen als in den Häusern!«

54. Barfüßerstraße 35
So wie Steinau an der Straße und Kassel bezeichnet sich neuerdings auch Marburg als »Grimm-Stadt«. Das scheint zwar etwas übertrieben, dennoch hielten sich die Brüder Jacob und Wilhelm Grimm tatsächlich einige Jahre in Marburg auf, um an der Universität ihren juristischen Studien nachzugehen. Jacob Grimm wohnte zunächst im Haus Barfüßerstraße 35, das viel später traurige Berühmtheit erlangte, weil Klaus Barbie, der »Schlächter von Lyon«, sich nach dem Ende des Zweiten Weltkriegs hier versteckte. Heute beherbergt dieses Haus eine Studenten-WG.

55. Ritterstraße 15
Hier wohnte ab 1803 Professor Friedrich Carl von Savigny, einer der letzten Universalgelehrten von Goetheformat. Er unterrichtete die Grimm-Brüder in der Jurisprudenz. Seine Frau Gunda war eine nahezu unbekannte Schwester von Clemens und Bettine Brentano. Dies zeigt, dass es auch ohne Funk, Fernsehen und Internet bereits zu Beginn des 19. Jahrhunderts ein Netzwerk des deutschen Bildungsbürgertums gab.

56. Die Elisabethkirche
Die Kirche ist eines der Wahrzeichen Marburgs. Sie wurde über dem Grab der heiligen Elisabeth von Thüringen errichtet, deren Lebenswerk unzweifelhaft gelobt und bewundert wird. Ebenfalls begraben liegt dort Paul von Hindenburg, dessen Lebenslauf von

den deutschen Historikern sehr differenziert bewertet wird. Die evangelische Elisabeth-Gemeinde jedenfalls scheint sich für das Grabmal Hindenburgs zu schämen, das direkt links hinter dem Haupteingang im Dunkeln liegt. Die Scheinwerfer werden nur durch herannahende Besucher mittels Bewegungsmelder eingeschaltet.
www.elisabethkirche.de

57. Alter botanischer Garten
In den meisten Städten wird der botanische Garten vorwiegend von Pflanzeninteressierten besucht. Nicht so in der Marburger Innenstadt: Die Bevölkerung nutzt die öffentlichen Grünflächen des alten Botanischen Gartens gerne als Ruheoase. Die Pflanzenkundler treffen sich eher im Neuen Botanischen Garten auf den Lahnbergen.

58. Landgrafenschloss mit Hexenturm und Kasematten
Das Schloss ist das zweite, weithin sichtbare Wahrzeichen Marburgs. Zusammen mit dem Hexenturm und den Kasematten bildet es den historischen Entwicklungskern der Stadt und birgt viele interessante Geheimnisse.
www.marburg-net.de/schloss.htm

59. Museum Anatomicum
Das Medizinhistorische Museum der Philipps-Universität befindet sich im Dachgeschoss des Anatomischen

Instituts in der Robert-Koch-Straße, also genau dort, wo sich auch der Endspurt des Kurzkrimis »M-Lab« abspielt. Das Museum beherbergt viele anatomische und physiologische Präparate von historischem Charakter. Bemerkenswert ist die anthropologische Schädelausstellung, die auch die sogenannte »Rassen-Schädelsammlung« enthält. In der Abteilung »Geschichte der Geburtsmedizin« wird ein großer Bestand an teils skurrilen geburtshilflichen Instrumenten gezeigt.

www.uni-marburg.de > Einrichtungen > Museen und Sammlungen > Museum Anatomicum

60. *Universität*

Wer Marburg zu Fuß erkundet, wird schnell merken, dass das urbane Leben stark von Studenten geprägt ist. Das macht Marburg zu einer jungen Stadt. Die Universität, aktuell mit 25.000 Studierenden, ist eine der ältesten in Deutschland. Sie wurde 1527 von Philipp dem Großmütigen gegründet. Aus heutiger Sicht kann man Landgraf Philipp nicht nur als großmütig, sondern auch als weitsichtig bezeichnen, denn die Universität begründete Marburgs heutige Position als Wissenschaftsstandort, insbesondere auf dem Gebiet der Medizin, Biologie und Pharmazie. Sehenswert: die Aula der alten Universität. Führungen können bei Marburg Tourismus unter 06421/99120 gebucht werden.

www.uni-marburg.de

61. Skatepark
Sehr beliebt bei Jugendlichen und jung gebliebenen Erwachsenen: der Skatepark im Georg-Gaßmann-Stadion (Leopold-Lucas-Straße 46b).
   www.marburg.de > Suche: »Skatepark«

62. Kletterwald
Nähe Dammühle mit zwölf Kletterparcours unterschiedlicher Höhe und Schweregrade, geeignet auch für Kinder (ab vier Jahren)
   www.kletterwald-marburg.de

63. Lahntalradweg
Die Lahn entspringt bei Netphen im Rothaargebirge und mündet bei Koblenz in den Rhein. Eine Lahn-Radtour startet klassischerweise in Marburg und führt über rund 200 Kilometer bis nach Lahnstein, alternativ bis zur Loreley. Der Radweg verläuft größtenteils direkt am Wasser entlang, sodass man die Lahn selten aus den Augen verliert. Im oberhessischen Bereich zwischen Marburg, Gießen und Wetzlar sind die Ufer meist naturbelassen und laden zu Picknick und Ruhepausen ein. Der Lahnradweg wurde vom Allgemeinen Deutschen Fahrrad-Club (ADFC) mit vier von fünf Sternen ausgezeichnet.
   www.lahn-radweg.de

64. Spiegelslust
Vom Kaiser-Wilhelm-Turm, auch Spiegelslustturm genannt, hat man einen phänomenalen Blick über die Stadt.
www.spiegelslustturm.de

65. Kulturzentrum Waggonhalle
1850: Die Main-Weser-Bahn nimmt ihren Betrieb auf, infolgedessen entsteht in der Mitte der Strecke Frankfurt–Kassel die Marburger Waggonhalle.
1996: Die Theatergruppe GegenStand zieht in die ehemalige Waggonhalle um. Tanz, Zirkus, Musik und Workshops erweitern das Programm und machen das Gebäude zum Kulturzentrum Marburgs.
www.waggonhalle.de
www.theater-gegenstand.de

66. Segway-Touren durch Marburg
Moderne Fortbewegung: mit dem Segway an der Lahn entlang, durch die Oberstadt oder zur Spiegelslust. Die Alternative zur herkömmlichen Stadtbesichtigung. Mindestalter für Touren: 15 Jahre.
www.marburg-flitzer.de

6. GOETHE UND ELVIS

BAD NAUHEIM

Herbert Falke erwachte durch dumpfe Geräusche aus dem Nebenzimmer. Schritte. Er tastete nach seiner Brille. Die Digitalanzeige des Hotelweckers zeigte 2.35 Uhr. Wieder Schritte. Karin Gutzeit, die Besitzerin von Hubert's Park Hotel, hatte ihm versichert, dass das Zimmer neben ihm nicht bewohnt sei. Mehr noch: Es wurde überhaupt nicht vermietet. Das Elvis-Zimmer.

Zwar war Herbert ein waschechter Beatles-Fan, aber Elvis hatte die Grundlagen des Rock 'n' Roll gelegt und war das größte Idol der Beatles gewesen. In diesem Zimmer im Hubert's Park Hotel hatte Elvis Aaron Presley gewohnt, zu Beginn seines Militärdienstes im nahe gelegenen Friedberg, zwar nur ein paar Tage, dann musste er König ibn Saud weichen, aber immerhin: Er hatte seine Spuren hinterlassen. Frau Gutzeit wollte das Zimmer unverändert lassen, so wie es in den 50er-Jahren eingerichtet gewesen war. Es sollte auch nicht von Touristenmassen bevölkert und womöglich beschädigt werden. Nur an speziellen Gedenktagen, so sagte sie, wurde es geöffnet. Am 8. Januar zum Beispiel. Lediglich Elvis' gut erhaltenen Eintrag im Gästebuch vom Oktober 1958 durfte man jederzeit bewundern, der hing unter Glas im Hotelfoyer. Direkt neben der Zimmeranmeldung für einen gewissen Johann Wolfgang von Goethe, Ankunft am 29. Juli 1814, unterschrieben von seinem Freund Carl Friedrich Zelter.

Herbert Falke legte sein Ohr an die Wand. Nun war es still. Hatte er geträumt? Im Halbschlaf halluziniert? Morgen früh würde er Frau Gutzeit fragen, was die Ursache der Geräusche sein könnte.

Oder besser doch nicht? Er musste vorsichtig sein, immerhin hatte er einen Ermittlungsauftrag. Hansgerd Pohlmann, der Vorsitzende der Interessengemeinschaft PEO – Pro Elvis Oberhessen – hatte einen Privatdetektiv gesucht. Und da seine Frau aus Offenbach kam und Herbert Falkes Aktivitäten als Privatermittler kannte, hatte er ihn kontaktiert. Die PEO überlegte, Hubert's Park Hotel mit Spendenmitteln zu kaufen und in ein Elvis-Museum umzuwandeln. Der Zeitpunkt war günstig, denn das Hotel lief nicht gut, Frau Gutzeit stand finanziell unter Druck. Außerdem freuten sich 90 Prozent aller Bad Nauheimer, die halbe Wetterau und viele Hessen auf das Museum. Endlich wollte jemand die touristischen Möglichkeiten des bisher vernachlässigten Elvis-Potenzials in der Region ausschöpfen. Doch Pohlmann war misstrauisch geworden. Die Hotelbesitzerin hatte ihm partout nicht das wichtigste Zimmer zeigen wollen: das Elvis-zimmer. Ebenso wenig wie das Goethezimmer. Beide direkt nebeneinander. Warum stellte Frau Gutzeit sich quer? Gut, eigentlich wollte sie gar nicht verkaufen, ihre Kreditgeber drängten sie.

Herbert Falke beschloss, Frau Gutzeit zunächst nicht zu befragen. Zuerst musste er herausbekommen, ob auch im Goethezimmer nachts Geräusche zu vernehmen waren. Das von Herbert bewohnte Zimmer 217 war ein Doppelzimmer, das er zur Einzelnutzung bekommen hatte. Es war nur durch eine Wand vom ehemaligen Elvis-Wohnraum Nr. 218 getrennt, dann folgte mit Nr. 219 das Goethezimmer, dahinter Nr. 220, derzeit von einer alten Dame belegt. Auf der Schwelle des Elvis-Zimmers hatte sich Staub abgelagert, als sei dort schon lange niemand mehr ein und aus gegangen. Kein gutes Zeugnis für das Reinigungspersonal. Aber es muss doch jemand hineingegangen sein – die Schritte!

Er brauchte einen Plan.

Da er sich als Jugendstilinteressent ausgegeben hatte, bat er Frau Gutzeit am nächsten Morgen um entsprechende Informationen. Sie empfahl ihm einen Jugendstilrundgang durch Bad Nauheim mit Start an der Touristeninformation. Als er das Hotel verlassen wollte, stieß er mit einem kräftigen jungen Mann zusammen, der es offensichtlich eilig hatte, sich entschuldigte und fragte, ob er Herr Frischmuth sei. Nein, na gut, ihm fehle noch ein Fahrgast. Direkt vor dem Eingang stand ein nagelneuer Kleinbus mit der großen Werbeaufschrift »Hubert's Flughafen Shuttlebus«. Damit war das Ziel des fehlenden Fahrgasts klar.

Obwohl Herbert Falke kein Architekturkenner war und den Jugendstilrundgang nur der Tarnung wegen gebucht hatte, genoss er die Führung durch den Sprudelhof und die Trinkkuranlage bei frühlingshaftem Wetter. Besonders der gute Zustand der Gebäude, die rund um die vorletzte Jahrhundertwende entstanden waren, beeindruckte ihn. Auf dem Rückweg warf er noch einen Blick auf das Hotel Grunewald, in dem Elvis nach dem Aufenthalt im Hubert's gewohnt hatte. Den Weg zur Goethestraße schaffte er nicht mehr, denn er musste ja noch eine Strategie für die kommende Nacht entwickeln. Die Goethestraße 14, das Haus in dem Elvis mit seinem Clan fast zwei Jahre gewohnt hatte, musste warten. Schon wieder Goethe – der Kerl war auf die eine oder andere Weise in fast jeder Stadt vertreten. Aber noch nie hatte Herbert etwas davon gehört, dass Goethe sich tatsächlich in Bad Nauheim aufgehalten hatte. Na gut, er war kein Goetheexperte.

Als er ins Hotel zurückkam, sah er die alte Dame von Zimmer 220, die es sich in einer der Sitzgruppen im Foyer mit einem Kaffee bequem gemacht hatte. Er bestellte ein Bier und fragte höflich, ob er sich dazusetzen dürfe. Natürlich gerne, antwortete die Dame. Der helle, aufmerksame Blick stand im Kontrast zu ihrem unscheinbaren Äußeren. Weiße Bluse, grauer Rock, schwarze Schuhe. Sie musterte unverhohlen Herberts kariertes Jackett, das gut aus der Ära des King of Rock 'n' Roll stammen könnte. Offensichtlich hatte sie keinen Einwand gegen eine gepflegte Unterhaltung, und Herbert merkte schnell, dass sie äußerst belesen war. Einer spontanen Eingebung folgend, fragte er sie, ob sie etwas über Goethes Aufenthalt in Hubert's Park Hotel wüsste.

Nun ja, so begann sie vorsichtig, sie sei zwar keine ausgesprochene Kennerin von Goethes Lebensweg, aber sie wisse, dass viele Städte und öffentliche Einrichtungen sich gern mit Goetheprädikaten schmückten. Von »Hier übernachtete Goethe im Jahr soundso« über »Hier traf Goethe Fräulein XY« bis »Hier verspeiste Goethe einen Hühnerschenkel«. Von einem Aufenthalt des großen Meisters in Bad Nauheim wisse sie jedenfalls nichts. Aber das sei auch nicht schlimm, denn sie könne ja lesen.

Herbert sah sie irritiert an.

Ob er die Inschrift der Goethereservierung im Hotelfoyer genau studiert habe, fragte sie.

»Äh, ja, eigentlich schon«, meinte Herbert deutlich verunsichert.

Dann solle er den Ausdruck »Zimmeranmeldung« doch einmal durchdenken, meinte die Dame von Zimmer 220 lächelnd.

Er begriff. Eine Anmeldung war noch lange kein Aufenthalt. Nun war Herbert Falkes detektivisches Gespür geweckt. Ihm fiel ein, wen er fragen konnte: Hendrik Wilmut, Literaturdozent an der Universität

Frankfurt und ausgesprochener Goethekenner. Wilmuts Frau Hanna arbeitete bei einem Pharmaunternehmen, das ihm damals ein noch nicht zugelassenes Krebsmedikament für seine Frau angeboten hatte. Es hatte ihr Leben um einige Monate verlängert, aber am Ende hatte sie doch nicht gerettet werden können. Hanna Wilmut hatte sich mit viel persönlichem Engagement um Herberts Frau gekümmert.

Er tippte schnell eine SMS in sein Smartphone und schon war die Anfrage an Wilmut abgeschickt.

Warum er denn auf diesem »Dingsda« herumwische, statt sich mit ihr zu unterhalten, wollte die alte Dame wissen.

Herbert hob entschuldigend die Schultern. Dafür bekämen sie in Kürze eine Antwort auf die Goethefrage, sagte er.

Sie sah ihn mit gekräuselter Stirn an und meinte, sie brauche jetzt auch ein Bier. Herbert winkte dem Kellner.

Nach einem weiteren Pils bot sie ihm das Du an und meinte, mit knapp 82 Jahren sei sie ja wohl eindeutig die Ältere. »Nicht wahr, junger Mann?«

So war Herbert Falke schon lange nicht mehr genannt worden, gab aber zu, dass ihn immerhin 20 Jahre von Margarete trennten. Mittlerweile hatte er ihren Vornamen herausbekommen. In einem Anfall purer Lebensfreude, verbunden mit einer ordentlichen Portion Chuzpe, fragte Herbert, ob er sie Maggie nennen dürfe.

Zu seiner Überraschung stimmte sie zu, denn ihr verstorbener Mann sei amerikanischer Soldat gewesen – nein, es war nicht Elvis – und er habe sie auch immer so genannt.

Nun war es nur noch ein kleiner Schritt zu fragen, ob er sie kommende Nacht besuchen könne.

Sie sah ihn ernst an, bevor sie in Gelächter ausbrach. Das habe sie seit 50 Jahren kein Mann mehr gefragt, meinte sie, und er, Herbie, wie sie ihn inzwischen titulierte, sei ja wohl nicht ganz bei Trost. Daraufhin musste Herbert sich unvermeidlicherweise offenbaren und berichtete von seiner Ermittlungsarbeit, was Maggie wiederum sehr spannend fand. Herberts Enkelin Franziska hätte seine Ausführungen wahrscheinlich mit einem »voll cool« kommentiert.

Er reichte seiner neuen Ermittlungspartnerin die Hand. Maggie schlug ein.

Zwei Minuten später ertönte ein hoher Signalton. Die alte Dame sah Herbert auffordernd an. Offensichtlich wusste sie, dass das Geräusch von dem »Dingsda« kam. Herbert las vor: »Goethe war nie in Bad Nauheim. Sein Freund Zelter bereitete 1814 Goethes Reise nach Wiesbaden vor. Er plante einen Halt in Bad Nauheim, aber Goethe wollte durchfahren und kam spät in der Nacht in Wiesbaden an.«

Maggie nickte anerkennend. Herbert wusste nicht, ob ihr Lob der modernen Technik oder Hendrik Wilmut galt. Er überlegte. Aufgrund einer bloßen Reservierung einen Raum »Goethezimmer« zu nennen schien Herbert ebenso kühn wie sein Antrag, Maggie nächtens zu besuchen. Hatte es Elvis womöglich auch nur bei einer Absichtserklärung belassen? Maggie hob die Schultern.

Herbert suchte in seinem Handy die Nummer von Hansgerd Pohlmann und wählte. Keine Sorge, so Pohlmann, Elvis habe unzweifelhaft in Bad Nauheim gewohnt, auch in Hubert's Park Hotel, da gebe es eindeutige Nachweise. Herbert legte auf. Die kommende Nacht würde hoffentlich weitere Erkenntnisse bringen. Bis später, Maggie. Bis später, Herbie.

Herbert konnte nicht die gesamte Nacht in Maggies Zimmer zubringen, das würde er nicht schaffen, so beschloss er, sich an dem Zeitpunkt zu orientieren, an dem er die Schritte aus dem Elvis-Zimmer gehört hatte. Zumal dieser in den Stunden lag, in denen sich der durchschnittliche Mensch in einer Tiefschlafphase befand – ideal für alle Arten von diskreten Aktivitäten. Herbert Falke stellte den Wecker auf 1.30 Uhr. Er durfte auf keinen Fall selbst auffällige Geräusche machen, um den »Nachtgänger«, wie sie ihn vorläufig nannten, nicht zu warnen. So kam er auf die Idee, den Wecker mit unter die Bettdecke zu nehmen. Die Gardine blieb geöffnet, das Licht der Straßenlaternen würde ihm in der Nacht helfen, sich zurechtzufinden. In Straßenkleidung einzuschlafen war ungewohnt, aber dank einiger Atemübungen schaffte er es.

Beim ersten Klingelton war er wach. Er schlüpfte in seine bereitstehenden Schuhe und verließ das dunkle

Zimmer. Sowohl seine eigene Tür als auch diejenige von Maggies Zimmer war nicht abgeschlossen. Beide Türklinken ließen sich ohne knarrende Geräusche bewegen, das hatte er vorab geprüft. Sekunden später stand er in Maggies Zimmer. An der Wand zum Goethezimmer stand ein Stuhl für ihn bereit. Er dachte, Maggie schliefe. Doch als sich seine Augen an die Dunkelheit gewöhnt hatten, bemerkte er, dass sie im Bett saß. Ein leises »Hallo, Herbie!« erklang. Herbert winkte, ohne zu antworten. Dann begann das große Warten. Er hatte den Eindruck, dass die Zeit im Dunkeln noch langsamer verging. War das die Relativitätstheorie? Einmal nickte er fast ein. Ein kurzer Laut von Maggie brachte ihn wieder zurück. Sie beobachtete ihn. Und er war froh darüber.

Der Nachtgänger kam diesmal um 2.21 Uhr. Etwas früher als am Tag zuvor. Die Schritte waren deutlich zu vernehmen. Herbert sah Maggie im Dunkeln nicken. Schneller als vermutet war Ruhe. Er überlegte einen Moment, ein undeutlicher Gedanke ging ihm durch den Kopf, etwas brodelte unter seinem grauen Haarschopf. Jetzt! Herbert sprang auf – fast wäre der Stuhl umgefallen –, schlich sich auf den Flur und ging zurück in sein eigenes Zimmer. Das Ohr an der Wand zum Elvis-Zimmer. Schritte, wieder diese Schritte. So wie in der vorigen Nacht. Gedämpft, wie ein Mensch, der versucht, möglichst leise zu sein. Das war es also: Der Nachtgänger besuchte beide Zimmer nacheinander! Aber wozu? Was wollte er dort?

Er konnte nicht mehr nachdenken, legte sich ins Bett, in Straßenkleidung, mit kariertem Jackett, klammerte sich an den Wecker und schlief ein.

Sie trafen sich um halb zehn zum Frühstück. Nach zwei Kannen Kaffee, Müsli, Rührei, Joghurt, Obst und einem Baguette waren sie endlich in der Lage, das weitere Vorgehen zu besprechen. Maggie erklärte sich bereit, ein Gespräch mit Frau Gutzeit zu führen, sie kannte die Hotelbesitzerin schon lange, es war bereits ihr achter Aufenthalt in Hubert's Park Hotel. Sie würde wahrscheinlich mehr herausbekommen als ein Gast, der zum ersten Mal hier weilte. Herbert wollte sich bei den anderen Hotelgästen und wenn möglich bei den Nachbarn umhören.

Zur taktischen Besprechung am Nachmittag wollten sie sich nicht im Hotelfoyer treffen, es sollte keiner der anderen Gäste oder Angestellten etwas von ihren Gesprächen mitbekommen. So verabredeten sie sich im Café Fellini, schräg gegenüber in der Kurstraße.

Sie fanden einen ruhigen Platz im Fellini, ganz hinten vor der Bilderwand. Maggie bestellte einen doppelten Espresso und Sachertorte, Herbert Milchkaffee und Stachelbeer-Baiser-Torte. Und das war das Tagesergebnis: Maggie hatte Karin Gutzeit in einem ruhigen Moment abgepasst und sie in ein Gespräch verwickelt. Nach der anfänglichen Diskussion über die finanzielle Lage des Hotels meinte Maggie, dass es bei ihrem geplanten Besuch im kommenden Jahr – ihrem neunten Besuch – wohl an der Zeit sei, ihr das Elvis- oder das Goethezimmer zu geben. Frau Gutzeit sah sie traurig an. Wenn sie könnte, würde sie das gerne tun. Außerdem wisse sie gar nicht, ob das Hotel nächstes Jahr noch in ihrem Besitz sei. Das alles klang sehr niedergeschlagen und Maggie beteuerte, dass sie auch kommen würde, wenn es mit den beiden Sonderzimmern nicht klappte. Aber, das interessiere sie ja nun doch, warum könne sie ihr diese Zimmer nicht anbieten? Frau Gutzeit beugte sich zu Maggie herüber und hielt sich die Hand neben den Mund. Die beiden Zimmer seien dauervermietet, flüsterte sie. Nur so habe sie bisher überleben können. Sie käme auch nicht in die Zimmer hinein, der Mieter habe die Schlösser ausgetauscht. Auf Maggies Frage, an wen sie die Zimmer vermietet habe, antwortete Frau Gutzeit, dass sie ihr das auf keinen Fall sagen könne. Und damit war sie aufgesprungen und in die Küche gelaufen.

Herbert hatte mit zwei Geschäftsleuten gesprochen, die vor dem Hotel auf den Shuttlebus warteten. Sie wollten zum Flughafen, natürlich, und waren leicht verärgert, weil Lennart Wendler, der Fahrer, zuvor noch etwas am Frankfurter Hauptbahnhof zu erledigen hatte. Das mit dem Zwischenstopp kenne er aber bereits, brummte einer der beiden Fahrgäste, und seinen Flieger würde er auf jeden Fall erreichen.

Dann ging Herbert im Kurpark spazieren, und als er in der Zanderstraße an einem Taxistand vorbeikam, verwickelte er zwei gelangweilt herumstehende Fahrer in ein Gespräch, aus dem er immerhin erfuhr, dass der neue Kleinbus, den Lennart Wendler fuhr, trotz der Aufschrift »Hubert's Flughafen Shuttlebus« nicht Frau Gutzeit, sondern ihm selbst gehörte. Er organisierte auf eigene Rechnung den Transferbetrieb zum Flughafen, was der Taxivereinigung natürlich überhaupt nicht gefiel. Ob er denn davon leben könne, fragte Herbert, zumal das Hotel ja eher unterbelegt sei. Die Taxifahrer hoben nur die Schultern. Danach ging Herbert in den Salinen spazieren, um gesunde Luft zu inhalieren, und überlegte, was er aus den neuen Informationen schließen sollte. Es wollte ihm nichts einfallen.

Um ihre Kombinationsfähigkeit zu fördern, bestellte Maggie zwei Gläser Rotwein. Tempranillo. Finca Antigua. Intensives Zwetschgen- und Brombeeraroma. Am Gaumen weich und rund. Sie konnten alles bestätigen. Ihren Denkprozess beschleunigte der Wein allerdings nicht. Außer der Erkenntnis, dass sie unbedingt ermitteln mussten, wer der geheimnisvolle Mieter war, kam ihnen keine zündende Idee. War dieser Mieter der Nachtgänger? Was trieb er dort mitten in der Nacht, was er nicht auch tagsüber tun konnte? Keiner von beiden hatte einen Einfall, wie sie an seinen Namen kommen sollten.

Maggie wollte gegen 21 Uhr schlafen gehen, die vorangegangene Nacht hatte ihr ziemlich zugesetzt. Und bei aller Lebensfreude, so meinte sie, steckten ihr eben doch mehr als 80 Jahre in den Knochen. Herbert nickte, brachte sie bis vor Zimmer 220 und versicherte, dass er kommende Nacht auf einen Besuch verzichten werde. Auf dem Weg zu seinem Hotelzimmer passierte er die beiden Türen, die zu den Goethe- und Elvis-Gedächtnisräumen führten. Die Beleuchtung im Flur war recht schwach, und er meinte, unter einer der beiden Türschwellen einen blauen Schimmer zu erkennen.

Er verschwand in seinem Zimmer, schaltete seinen Tablet-Computer ein und begann zu recherchieren. Das Hotel, Lennart Wendler, Karin Gutzeit, Goethe und Elvis in Bad Nauheim. Einfach alles, was mit diesem Fall zusammenhing. Hansgerd Pohlmann wartete auf Ergebnisse. Sollte die PEO das Hotel kaufen oder nicht? Es dauerte fast zwei Stunden, bis Herbert Falke den ersten Zusammenhang erkannte. Besser gesagt: zu erkennen glaubte. Frau Gutzeit hatte von den besonderen Tagen gesprochen, an denen das Elvis-Zimmer geöffnet wurde – am 8. Januar zum Beispiel, dem Geburtstag von Elvis Aaron Presley. Dazu fanden sich einige Zeitungsartikel und Presseinformationen im Internet, aber nur bis zu einem bestimmten Zeitpunkt. Danach, seit fünf Jahren, war nichts mehr zu diesem Thema erschienen, so als seien die Zimmer seitdem nicht mehr zugänglich. Verschlossen. Geheimsache. Und genau seit dieser Zeit betrieb Lennart Wendler sein Geschäft mit dem Flughafentransfer. »Fly High« hieß seine Firma, die allerdings nirgends in dem Werbetext auf dem Bus genannt wurde, Herbert hatte ihn sich genau angesehen. Auch eine Website existierte nicht, weder unter »Fly High« noch unter »Lennart Wendler«. Lediglich der Eintrag im Handelsregister. Schon seltsam, dachte Herbert, alles lief über das Hotel. Gut, der Begriff »Fly High« hatte etwas mit dem Flughafen zu tun. »Flieg hoch!«. Trotzdem gefiel Herbert diese Firmenkonstruktion nicht. War Wendler der geheimnisvolle Mieter? Bei seinen Fahrten zum Flughafen hatte er kürzlich mehrfach am Hauptbahnhof Station gemacht. Na gut, vielleicht wegen anderer Fahrgäste ... davon hatte der brummige Geschäftsmann aber nichts erzählt, und ein Halt am Hauptbahnhof konnte auch etwas anderes bedeuten. Er griff zum Telefon. Hendrik Wilmut hatte einen Freund bei der Frankfurter Kriminalpolizei. Richard. Mehr als den Vornamen wusste Herbert Falke nicht. Wilmut ging sofort ans Telefon und versicherte ihm, dass Richard ihn am nächsten Vormittag anrufen würde.

Herbert war nervös, er spürte, dass er dem Kern der Sache auf der Spur war. Gerade hatte er beschlossen, schlafen zu gehen, als sein Mobiltelefon klingelte.

»Richard Volk, Kriminalhauptkommissar.« Er sei sowieso noch im Büro, müsse seine Überstunden abarbeiten.

»Schlechter Scherz«, meinte Herbert, was ihm die Sympathie des Polizisten eintrug. Was er denn für ihn tun könne?

Lennart Wendler, wohnhaft in Bad Nauheim, kräftige Statur, etwa Mitte 30. Besitzer eines privaten Taxibetriebs. Mehr musste Herbert nicht sagen.

Volk kannte ihn.

Herbert Falke sah ungläubig auf sein Telefon.

Wendler stamme aus Frankfurt und sei bereits in Haft gewesen, so der Kriminalhauptkommissar, wegen Drogenhandels. Er sei sogar wegen Mordes angeklagt worden, berichtete Volk, nachdem er seiner eigenen Schwester Cannabis und später Ecstasy besorgt habe. Irgendwann sei sie an einer Überdosis gestorben, in der B-Ebene am Hauptbahnhof, dort, wo sie die letzten Jahre ihres Lebens als Straßenmusikerin zugebracht hatte. Volk habe sie dort liegen sehen, ganz allein, nur ihre Gitarre im Arm. Eine Tötungsabsicht sei Lennart Wendler aber nicht nachzuweisen gewesen, ein direkter Zusammenhang zwischen den von ihm beschafften Drogen und ihrem Tod ebenso wenig. So sei er lediglich wegen Drogenhandels zu einem Jahr Gefängnis verurteilt worden. Richard Volks Unterton der Missbilligung war nicht zu überhören.

Cannabis?

Ja, unter anderem.

Wie die Schwester denn geheißen habe, fragte Herbert.

Wendler habe sie immer Conny genannt.

Herbert bedankte sich.

In dieser Nacht schlief Herbert noch weniger als in der Nacht zuvor. Viele Szenarien spukten durch seinen Kopf.

Am nächsten Morgen ging alles sehr schnell.

Herbert saß bereits um 7.30 Uhr beim Frühstück, Maggie war noch nicht aufgetaucht. Eine SMS. Richard

Volk, er fragte, ob Herbert Falke schon wach sei. Herbert rief ihn an. Die Geschichte habe ihm keine Ruhe gelassen, meinte der Kriminalhauptkommissar. Bad Nauheim gehöre zum Gebiet des Polizeipräsidiums Gießen, er könne da nicht einfach einschreiten, wenn überhaupt, müsse er den Kollegen handfeste Beweise präsentieren. Ob Herbert Falke denn einen konkreten Verdacht habe?

Herbert berichtete von den verschlossenen Zimmern, von der zeitlichen Übereinstimmung mit der Gründung von »Fly High« und den seltsamen Zwischenstopps am Frankfurter Hauptbahnhof. Er nannte Volk auch das Kfz-Kennzeichen des Kleinbusses.

Er melde sich gleich wieder, sagte Richard Volk.

Dann erschien Maggie und meinte, der Nachtgänger müsse in den beiden Räumen irgendetwas tun, das durch eine Regelmäßigkeit gekennzeichnet sei, jeden Tag, besser gesagt jede Nacht fast zur gleichen Zeit. Das sei ihr eingefallen. Herbert nickte. Gut, Maggie, das ist gut! Anschließend berichtete er alles, was er inzwischen vom Kriminalhauptkommissar erfahren hatte. Kaum hatte er seinen Bericht beendet, meldete sich Volk zurück. Er habe seine Informanten rund um den Hauptbahnhof konsultiert, der Kleinbus von Hubert's Park Hotel sei dort bekannt. Der Fahrer sei einige Male in der B-Ebene gesehen worden, mehr war nicht zu erfahren. Mysteriös.

In der B-Ebene?

Ja, sozusagen das erste Kellergeschoss unter dem

Bahnhofsvorplatz, Zugang zu S- und U-Bahn, kleinere Geschäfte, Obdachlose und Junkies, keine schöne Gegend.

Herbert bedankte sich. Als er mit Maggie den Frühstücksraum verließ, sahen sie Lennart Wendler an der Rezeption stehen. Er sprach mit Karin Gutzeit. Maggie schoss auf Wendler zu.

»Was haben Sie mit Conny gemacht?«, fragte sie.

Im Foyer warteten zwei Pärchen, die Köpfe flogen herum.

»Nun antworten Sie schon!«, rief Maggie.

Karin Gutzeit räusperte sich. »Wir sollten besser woanders darüber reden.«

»Warum?«

Sie wies mit dem Kopf auf die anderen Gäste. Dann wandte sie sich Lennart Wendler zu: »Ich denke, es wird Zeit, dass Sie uns die beiden Räume zeigen!«

Der Angesprochene erstarrte, wusste nicht, was er sagen sollte.

»Na los schon!«, rief Maggie.

Wendler stand mitten im Raum, unsicher von einem Fuß auf den anderen tretend, ein muskulöser Enddreißiger, der den bestimmenden Forderungen einer 82-Jährigen nichts entgegenzusetzen hatte. Er nickte.

Sie nahmen den Lastenaufzug. Im zweiten Stock erreichten sie einen schmalen Flur, der sonst nur von den Hotelangestellten benutzt wurde. Vor einer Metalltür blieb Wendler stehen. Er zog seinen Schlüsselbund aus der Hosentasche.

»Was soll das?«, fragte Herbert Falke. »Wo geht's da hin?«

»Direkt ins Elvis-Zimmer!«, antwortete Wendler.

Herbert und Maggie sahen sich ungläubig an.

»Elvis Presley hat das damals verlangt«, erklärte Frau Gutzeit, »man sollte nicht sehen, wer sein Zimmer betrat.«

Die Tür öffnete sich.

Lampen tauchten den Raum in taghelles, bläuliches Licht. An einer Wand gab es einen Durchbruch ins Goethezimmer. Pflanzen bedeckten den gesamten Boden.

Wunderschöne Pflanzen. Narzissen, Märzenbecher, Schlüsselblumen. Alle in professionellen Pflanzgefäßen. Vom Waschbecken liefen dünne Bewässerungsschläuche zu den Blumen.

»Wo sind meine Möbel?«, fragte die Hotelbesitzerin. Keine Antwort.

Herbert ging auf eine kleine Kommode zu, ein Bild stand darauf, daneben Kerzen. Elvis? Nein, eine Frau. »Ist das Conny?«

»Ja«, sagte Lennart Wendler. »Das ist meine Schwester Cornelia.«

»Und was soll das Ganze hier sein? Ein großer Altar?«

Wendler schluckte. »Ja, so was Ähnliches.«

Maggie schaltete sich ein. »Aha, zuerst geben Sie ihr Drogen, bis sie stirbt, und dann richten Sie solch eine Pseudotrauerstätte für sie ein?«

»Das ... also ... das ist nicht pseudo«, sagte Lennart Wendler. »Das ist echt.« Seine Stimme wurde immer schwächer. »Sie wollte mehr und mehr Pillen, angeblich zum Verkaufen, aber sie hat alle selbst genommen. Ich hab es zu spät gemerkt. Im Hauptbahnhof, unten in der B-Ebene, hat man sie gefunden. Mit ihrer Gitarre. Conny war schon immer ein Elvis-Fan, bis in den Tod. Ich hätte besser auf sie aufpassen müssen. Sie war erst 19 Jahre alt.«

Herbert Falke dachte an seine Enkelin Franziska. In Kürze würde sie ihren 18. Geburtstag feiern.

»Sie bringen regelmäßig Blumen von hier in die B-Ebene am Frankfurter Hauptbahnhof?«

Wendler nickte.

»Noch eins: Sie zahlen Miete für diese beiden Räume und fahren einen neuen Bus, wie finanzieren Sie das?«

»Mit schmutzigem Geld. Ich habe es alles für Conny aufgehoben, nichts davon gebe ich für mich aus.«

Herbert zeigte auf zwei vernachlässigte Pflanzkübel direkt an der Wand, Reste von grünen Stängeln schauten aus der Erde heraus. »Die Quelle des schmutzigen Gelds?«

»Ja, ich habe dafür gesessen, danach habe ich hier alles umgestellt!«

Maggie betrat das Goethezimmer. Tulpen, Veilchen, Stiefmütterchen. Sie zeigte auf ein Bild an der Wand. »Ein Gedicht?«

»Ja. Goethe hatte eine Schwester. Sie hieß Cornelia, genau wie meine Schwester. Wir beide haben unsere

Schwestern geliebt. Cornelia Goethe heiratete einen Dummkopf namens Schlosser. Sie ging in der Ehe zugrunde. Ihr Bruder hätte es verhindern müssen.«

Maggie nahm das Bild von der Wand. »Schwester von dem ersten Licht ...«, murmelte sie. »Goethe. An Luna.«

»Ich habe Karin gebeten, diesen Raum ›Goethezimmer‹ zu nennen«, sagte Lennart Wendler. »Auch wenn er nicht wirklich hier war.«

Herberts Mobiltelefon klingelte. Er meldete sich. Er hörte zu. Dann sagte er: »Nein, Herr Pohlmann, Sie können das Hotel nicht kaufen!«

FREIZEITTIPPS:

Touristik Bad Nauheim:
Bad Nauheim ist eine der großen Kurstädte in Deutschland, charakterisiert durch die kardiologischen Kliniken, die Jugendstilbauten und die Elvis-Presley-Erinnerungsorte.
www.bad-nauheim.de

67. Wo Elvis wohnte in Bad Nauheim

Elvis Presley trifft am 1. Oktober 1958 in Friedberg als gewöhnlicher, aufgrund seiner Popularität zugleich höchst ungewöhnlicher US-Soldat ein. Nur fünf Tage übernachtet er in den Friedberger »Ray Barracks«, dann zieht er mit seinem Clan um nach Bad Homburg, am 11. Oktober nach Bad Nauheim. Zunächst wohnt er in Hilbert's Park Hotel in der Kurstraße. Elvis' Zimmer mit der Nummer 218 liegt auf der Gebäuderückseite, vermutlich damit er dem Ansturm von Journalisten und Fans besser ausweichen konnte. Dieses Hotel, das die Basis für das fiktive »Hubert's Park Hotel« im Kurzkrimi »Goethe und Elvis« bildet, steht heute nicht mehr. Zwei Wochen nach seiner Ankunft dort im Jahr 1958 siedelt der Elvis-Clan um ins Hotel Grunewald, das heute noch existiert, bevor sie in einem Privathaus in der Goethestraße 14 den endgültigen Wohnsitz für die kommenden knapp zwei Jahre in Deutschland finden.

Ein wichtiger Monat für Elvis-Fans ist der August, dann findet jedes Jahr das European Elvis Festival in Bad Nauheim statt.
www.bad-nauheim.de/elvis-in-bad-nauheim-1
www.bad-nauheim.de > Kultur & Freizeit > Feste & Festivals > European Elvis Festival

68. Sprudelhof
Das Wahrzeichen Bad Nauheims, erbaut 1905–1911. Vertreter der Künstlerkolonie auf der Darmstädter Mathildenhöhe übernahmen die Gestaltung. Zusammen mit der Trinkkuranlage bildet der Sprudelhof das größte in sich geschlossene Jugendstilensemble Europas.
www.sprudelhof.de
Bad Nauheim ist Mitglied im europäischen Jugendstilnetzwerk.
www.artnouveau-net.eu

69. *Historischer Eisenbahnverein*
Die Eisenbahnfreunde Wetterau e. V. bieten regelmäßig Fahrten mit dem Museumszug von Bad Nauheim nach Steinfurth und Münzenberg an.
www.ef-wetterau.de

70. *Johannisberg*
Den Bad Nauheimer Hausberg (268 Meter über NN) erreicht man zu Fuß, mit dem Fahrrad oder dem Auto. Das weithin sichtbare historische Bewirtungsgebäude aus dem Jahr 1933 wurde 1998 komplett renoviert.

Kaffee und Kuchen, Barbecue und Brunch: Die Palette der gastronomischen Genüsse ist groß. Die Besucher schätzen zudem die phänomenale Aussicht in Richtung Süden und Osten über Bad Nauheim, Friedberg, die Wetterau und den Vogelsberg, bei klarem Wetter sogar bis nach Frankfurt.
www.johannisberg-badnauheim.de

71. *Rosendorf Steinfurth*
Steinfurth wurde 1972 Teil der Stadt Bad Nauheim. Das Dorf ist international bekannt für seine etwa 40 Betriebe des Rosenanbaus und der Rosenzucht. Öffentliche Rosenschauen, Rosenfeste und das deutsche Rosenmuseum locken viele Touristen an. Zudem verfügt Steinfurth über die weltweit größte Fachbibliothek zur Rosenzucht.
www.bad-nauheim.de > Reiseziel Bad Nauheim > Rosen in Bad Nauheim > Rosenmuseum, Rosentage, Rosenfest
www.rosenmuseum.com

72. *Kunst am Wegesrand*
Für Kunstinteressierte: Spaziergang durch Bad Nauheim mit Erläuterungen zur Kunst am Wegesrand, Start an der Bad Nauheimer Stadtmarketing und Tourismus GmbH (In den Kolonnaden 1).
www.bad-nauheim.de > Kultur & Freizeit > Kunst und Ausstellungen > Erinnerungsmale und Kunstobjekte am Wegesrand

73. Jugendstiltheater
Wunderschönes Ambiente: das Jugendstiltheater im Hotel Dolce (Elvis Presley-Platz 1).
www.dolce-bad-nauheim-hotel.de/Theater

74. Theater am Park
Kleinkunst mit Schwerpunkt Kabarett und Comedy: das Theater am Park (Ludwigstr. 21).
www.theater-am-park.de

75. Gradierbauten
Die Sole mit 20 bis 30 Prozent Salzgehalt rieselt an einer imposanten, bis zu zehn Meter hohen Front aus Schwarzdornzweigen herab und verbreitet eine gesunde Meeresbrise. Beispielhaft sei hier das Inhalatorium in der Zanderstraße genannt. Insgesamt fünf Gradierbauten mit einer Gesamtlänge von 650 Metern gibt es in Bad Nauheim.
www.gradierwerk-saline.de > Hessen > Bad Nauheim

76. Historischer Kurpark und berühmte Besucher
Früher waren es hauptsächlich der Kurpark und die Heilquellen, heute sind es die bekannten und geschätzten kardiologischen Kliniken, die viele, teils berühmte Besucher nach Bad Nauheim ziehen. Hier ein kleiner, willkürlich zusammengestellter Ausschnitt berühmter Kurgäste von Mitte des 19. Jahrhunderts bis heute: Otto von Bismarck, Franklin D. Roosevelt, Mark

Twain, Kaiserin Elisabeth (Sisi), Karl May, Richard Strauss, Albert Einstein, Edvard Munch, Erich Kästner, Joachim Ringelnatz, Johannes Heesters, Max Schmeling, Heinz Rühmann, Theodor Heuss, Sepp Herberger, Hildegard Knef, Franz Beckenbauer, Zarah Leander, Peter Maffay, Otto Waalkes, Michael Schumacher, Marcel Reich-Ranicki, Roland Koch, Hans Dietrich Genscher, Karl Kardinal Lehmann, Richard von Weizsäcker, Jürgen von der Lippe, Harry Rowohlt, Wolf Biermann, Dalai Lama, Jan Josef Liefers, Kai Pflaume.
www.bad-nauheim.de > Kuren & Kliniken > Kuranlagen > Historischer Kurpark

7. DAS GOTTESURTEIL

FRIEDBERG

»Friedberg, meine Güte, wie wohl ich mich hier gefühlt habe. Allein der Name strahlt etwas Friedliches aus, und vom Berg oben, von der Burg, dieser Blick über die Wetterau, diese Weite, die gab mir immer Ruhe, innere Ruhe. Und dann das Theater im alten Hallenbad, du liebe Zeit, wie viele Vorstellungen ich gesehen habe, sie hinterließen Heiterkeit und Wärme, auch sonst, Friedberg ist nicht zu klein und nicht zu groß, man hat alles und kennt jeden, das passt genau, jedenfalls zu mir, halb Stadt-, halb Landmensch, so könnte man mich bezeichnen. Doch das ist nun alles vorbei. Ach ja, nicht zu vergessen: Die Stadtkirche, die habe ich geliebt, besonders die Glasmalereien, wenn die Sonne hindurchschien, kam es mir vor wie ein Heiligenschein, aber vielleicht gehe ich nie wieder in eine Kirche, nach dem, was passiert ist. Ich muss die ganze Strecke laufen, früher, als ich noch für die Enders gearbeitet habe, da bin ich immer mit dem Fahrrad gefahren, hinaus nach Fauerbach, heute muss ich laufen, um einen klaren Kopf zu bekommen, den brauche ich jetzt, na ja, vielleicht auch nicht, denn es wird ein Gottesurteil geben, ich entscheide nicht, was gleich passiert, genauso wenig wie ich entscheiden konnte, ob Noah lebt oder stirbt. Vielleicht hat Julian Ender es auch nicht entschieden, vielleicht war auch seine Tat ein Gottesurteil, er kam in den Klassenraum und feuerte einfach drauflos mit der automatischen Pistole seines Vaters, zwei Tote und zehn Verletzte, darunter der Lehrer, ja, der stand vorn groß und breit wie eine Zielscheibe, kein Wunder, dass er getroffen wurde, aber Noah, der saß mitten in der Klasse, zwischen all den anderen Jugendlichen, 15 Jahre alt, gerade dabei, dieses seltsame Treiben, das wir ›Leben‹ nennen, einigermaßen zu begreifen, da wird ihm alles genommen und mir auch. Er hatte Pläne, gute Pläne, er hatte einen Job in einem Fahrradladen, das machte ihm Spaß, gab ihm Rückenwind, er reparierte gerne Fahrräder, wollte eine Lehre machen, arbeiten wie ein Profi und den Leuten helfen, sie sollten Spaß an ihrem Fahrrad haben, sich bewegen können. Er selbst war sportlich, ein hübscher Junge, nicht sonderlich gut in der Schule, aber er hätte die Lehre geschafft, da bin ich sicher, sehr sicher sogar. Einer von 25 Schülern, das war Noah, und Julian hat ihn getroffen, tödlich, da gab es kein Entrinnen, keine Fluchtmöglichkeit und keine Erklärung. Ach ja, hier, das Gebäude, an dem ich gerade vorbeigehe, die Grundschule Fauerbach, hier haben sie gemeinsam Schreiben, Lesen, Rechnen gelernt, die beiden Jungs, Julian und Noah, Freunde waren sie, sofort, von der ersten Klasse an, gut haben sie sich verstanden, kein Streit, keine Prügeleien und dann das: Ein Schuss aus Julians Pistole, genauer gesagt aus der Pistole seines Vaters, trifft Noah ins Herz. Ob das Absicht war, habe ich mich oft gefragt, natürlich fragt sich das eine Mutter, aber alle sagen, das kann keine Absicht gewesen sein, denn der Schuss traf Noah von hinten, Julian hat gar nicht sehen können, auf wen er schoss, außerdem hatte er abgehoben, schwebte in einer anderen Welt, einer kranken Welt, er kannte niemanden mehr, noch nicht einmal sich selbst. Na ja, ich denke, Julian muss Noah auch von hinten erkannt haben, wenn zwei Jungs zehn Jahre lang befreundet sind, dann erkennen sie sich von vorn, von der Seite und von hinten. Aber der Geisteszustand, ja, das leuchtet mir ein, in einer Parallelwelt, ›im nächsten Level‹ würde Noah vielleicht sagen, wenn er noch sprechen könnte. Aber er kann ja nicht mehr sprechen, nie mehr, nicht zu mir und nicht zu irgendjemand sonst. Nun, da Julian sich von dem Polizisten hat erschießen lassen, können die beiden sich vielleicht doch unterhalten, irgendwo, weit weg von hier, im höchsten Level. Der Polizist hatte keine Wahl, Julian hat auf ihn gezielt, er musste schießen, um sich und seine Kollegen zu schützen, heute ist er kein Polizist mehr, er hat es nicht verkraftet, einen 15-Jährigen erschossen zu haben, ist damit einer von drei Halbtoten, zusammen mit mir und der Frau des Lehrers. Und vielleicht gibt es gleich noch einen Toten, je nachdem, wie das Gottesurteil ausfällt. Offen oder geschlossen? Mich hält nichts mehr in Friedberg, meine Wohnung in der Ockstädter Straße habe ich bereits gekündigt, mein Konto bei der Sparkasse Oberhessen auch, meinen Freunden werde ich später schreiben, von irgendwo, ich weiß noch nicht von welchem Ort, das ist auch völlig egal. Jetzt habe ich das Haus der Enders erreicht, schön gelegen, mit Blick auf die dahinplätschernde Usa. Aus meiner Zeit als Haushaltshilfe weiß ich, wo der Notschlüssel für die Waschküchentür versteckt ist. Ich gehe hinein. Noch immer liegen die Gartensachen von Frau Ender auf der Waschmaschine, ihre Schürze, ihre alten Stiefel und die Gummihandschuhe. Okay, sitzen etwas straff, meine Hände sind größer als ihre, geht aber. Ich weiß auch, wo der Waffenschrank ist. Steht er offen? Oder ist er abgeschlossen? Das Gottesurteil. An dem Tag, an dem Noah starb, stand der Waffenschrank offen. Ich steige die Treppe empor. Leise. Gehe ins Wohnzimmer. Ein Blick in die Ecke hinter dem Kamin: offen! Ein Griff und ich habe das Schrotgewehr in der Hand. Oh, da kommt er ja. Er sieht mich. Ach, er wollte nur mal kurz … Klar, nur mal kurz rausgehen und schon hat jemand die Waffe in der Hand, so schnell geht das. Jetzt setzt er sich in den Sessel und wartet. Auf sein Urteil.«

Wetterauer Zeitung

FRIEDBERG: Gestern Nachmittag gegen 16 Uhr wurde im Ortsteil Fauerbach der 57-jährige Fabrikant Hermann E. erschossen aufgefunden. Seine Nachbarin Petra K. hatte einen Schuss gehört und die Polizei alarmiert. Polizeibeamte fanden den Mann in seinem Wohnzimmersessel sitzend, von einer Schrotladung durchsiebt. Das Jagdgewehr lag neben dem Toten, der Waffenschrank war geöffnet. Die Ermittler stehen vor einem Rätsel, denn es konnten weder fremde Fingerabdrücke noch Einbruchspuren festgestellt werden. Auf Nachfrage unserer Zeitung beim Polizeipräsidium Gießen wird kein Zusammenhang zwischen dem Tod von Hermann E. und dem Amoklauf seines Sohnes Julian E. vor drei Tagen in einer Friedberger Schule gesehen.

FREIZEITTIPPS:

Touristik Friedberg:
Friedberg, die moderne, traditionsreiche Kreisstadt des Wetteraukreises.
www.friedberg-hessen.de und www.stadtmarketing-friedberg.de

77. Ehemalige Reichsburg mit Adolfsturm
Herausragend auf einem Basaltfelsen inmitten der Wetterau steht die Burg Friedberg. Sie wurde sehr wahrscheinlich von Kaiser Barbarossa erbaut, die älteste noch erhaltene Urkunde stammt von 1216. Liest man die beiden Wörter »Reich« und »Adolf« in einem Satz, könnte man auf falsche Gedanken kommen. Doch die Friedberger Burg hat nichts mit den Großmachtsfantasien Adolf Hitlers zu tun. Der Begriff »Ehemalige Reichsburg« stammt aus der Zeit, als die Burggrafschaft Friedberg Teil des Heiligen Römischen Reichs war. Der Adolfsturm wurde im 14. Jahrhundert erbaut und ist mit einer Höhe von 54 Metern einer der größten mittelalterlichen Bergfriede in Deutschland. Im Jahr 1347 gelang es den Friedberger Burgherren, Graf Adolf von Nassau gefangen zu nehmen und ein Lösegeld zu erpressen, mit dem sie einen neuen Bergfried bauten. Die Friedberger nannten ihn nach dem unfreiwilligen »Spender« großzügigerweise Adolfsturm.

78. Evangelische Stadtkirche »Unsere Liebe Frau«
Die gotische Hallenkirche, erbaut zwischen 1260 und 1410, ist durch ihre Glasmalereien bekannt. Führungen können im Gemeindebüro Friedberg, Kaiserstr. 167, oder unter 06031/91524 gebucht werden.

79. Kulturzentrum Theater Altes Hallenbad
Theater, Musik und Poetry Slam – das ist das Programm des Kulturzentrums, das durch eine Bürgerinitiative, die »Gesellschaft der Freunde ›Theater Altes Hallenbad‹ Friedberg/Wetterau e. V.«, verwirklicht wurde. 2007 gegründet, stellte die Gesellschaft den Umbau des alten Jugendstilbades und den weiteren Betrieb sicher. Der eingetragene Verein wurde inzwischen umbenannt in »Theater Altes Hallenbad gGmbH« und ist weiterhin auf Spenden angewiesen.
www.aha-friedberg.info

80. Jüdisches Bad (Mikwe)
Das jüdische Frauenbad (Judengasse 20) diente rituellen Waschungen und wurde durch das Grundwasser gespeist. Die monumentale Schachtanlage reicht 25 Meter tief und wurde laut Inschrift 1260 erbaut. In Deutschland gibt es nur fünf vergleichbar gut erhaltene Anlagen.

Führungen können über das Wetterau-Museum (06031/88-215) gebucht werden.

81. Ray Barracks mit Elvis-Presley-Denkmal
Alle bisher vorgestellten jahrhundertealten Bauten könnten heute zerstört sein, wenn es Major Smith nicht gegeben hätte. Im März 1945 wurde die Stadt von der US Army unter seinem Kommando besetzt. Statt Friedberg zu stürmen, vereinbarte Smith mit den verbliebenen Wehrmachtsoffizieren eine geordnete Übergabe und verhinderte damit weiteres Blutvergießen und eine Zerstörung der Stadt. Ein Beispiel für Weitsicht und Humanität auch in Kriegszeiten. Die US Army wurde damals in den Ray Barracks an der Frankfurter Straße untergebracht. Der berühmteste Soldat der Nachkriegszeit in Friedberg war von 1958 bis 1960 Elvis Aaron Presley. Ein Gedenkstein in der Mitte des sogenannten »Elvis-Kreisels« an der B3 (Frankfurter Straße) Richtung Ober-Wöllstadt erinnert daran. Die US Army räumte die Ray Barracks 2007 und gab das Gelände an die Stadt Friedberg zurück.

82. Katholische Kirche St. Jakobus
Interessante historische Begebenheiten lassen sich auch an dieser Doppelturmkirche im Stadtteil Ockstadt ablesen. Rein bautechnisch wird eine Kirche erst dann zum Dom, wenn sie zwei Türme besitzt. Etwa 30 Kilometer entfernt, in Frankfurt am Main, wurde die St.-Bartholomäus-Kirche im 14. Jahrhundert von Kaiser Karl IV. zum Kaiserdom erklärt, weil es die Krönungskirche der deutschen Kaiser war und bleiben sollte, obwohl nur mit einem Turm ausgestattet.

In Ockstadt weist nur der Spitzname »Okschter Dom« auf die bauliche Höherstellung dieser wunderschönen neobarocken Dorfkirche.

83. Wetterau-Museum
Das Museum zeigt als Dauerausstellung einen Teil der 2002 eingerichteten Sonderschau zum 25. Todestag von Elvis Presley. Neben anderen Themen bilden die Ausstellungen und Aktivitäten für Kinder und Jugendliche einen Schwerpunkt. So bietet das Museum interessante Ferienprogramme, zum Beispiel »Bei Uroma in der Küche – Hausarbeit und was dazugehört«, »Geheime Zeichen in der Altstadt« oder »Keltische Tattoos«.
www.wetterau-museum.de

84. Soundgarden Festival
Obwohl das Musikfestival seit 2011 im Goldsteinpark Bad Nauheim stattfindet, gilt es als Nachfolger des Friedberger Burgfestivals. Es wird ehrenamtlich und nicht gewinnorientiert vom Stadtjugendring Friedberg in Kooperation mit dem Jugendbeirat der Stadt Bad Nauheim organisiert. Der Schwerpunkt liegt auf der Vorstellung von Newcomerbands. Die Eintrittspreise halten sich im Rahmen dessen, was Jugendliche in der Regel ausgeben können: Das Zweitagesticket in Kombination mit einem Fahrschein für den öffentlichen Nahverkehr lag 2016 bei 32 Euro.
www.soundgarden-festival.de

85. Wanderwege in der Wetterau
Die schicksalhafte »Wanderung« von Noahs Mutter nach Fauerbach im Kurzkrimi »Das Gottesurteil« war gewiss kein Vergnügen. Wanderungen durch die Wetterau hingegen sind ein Garant für vergnügliche Stunden. Die Kreisstadt Friedberg eignet sich hervorragend als Ausgangspunkt für Touren durch die Kornkammer Oberhessens. Die Webseite am Ende dieses Tipps kann zur Orientierung empfohlen werden. Neben interessanten Informationen zu Wetterauer Sehenswürdigkeiten skizziert sie Wanderwege verschiedenster Schweregrade mit Höhenprofil und GPS-Download. Geboten werden Langstreckentouren, barrierefreie Wanderwege und Geheimtipps wie der Rundweg durch die »Wetterauer Toscana«.

Bei all den historischen Bezügen dieses Buchs liegt es nahe, einen Blick auf die Reisestrapazen des 18. Jahrhunderts zu werfen. Der englische Schriftsteller James Boswell berichtete 1764 davon in Versform:

Was für ein Kind die Schaukel, sag ich dir,
ist dieser Holterpolterwagen mir,
Fürwahr, wie unerschütterlich robust
Ich bin, wird mir erst jetzt so recht bewußt,
Seit ich geprellt auf hartem Schragen liege,
Jung-Herkules vergleichbar in der Wiege.

www.ich-geh-wandern.de/wetterau > Wanderungen in der Nähe

8. KOMMISSAR OLAF

BAD SALZHAUSEN

»Sie sind doch hier nur der Hausmeister!«, hörte Olaf den Mann sagen. Er wandte sich ab, um seine Verärgerung nicht zu zeigen, und kehrte weiter. Der Dreck auf dem Parkplatz benötigte seine Aufmerksamkeit. Natürlich war er der Hausmeister. Aber dieses »nur« hätte sich Dr. Graf sparen können.

»Als Hausmeister brauchen Sie doch keinen eigenen Parkplatz!« Dr. Graf ließ nicht locker.

Olaf beachtete ihn nicht. Er kehrte weiter. Aus dem Augenwinkel schielte er auf seinen kleinen Ford Fiesta, der schmutzig grau in der Parklücke direkt neben dem Hintereingang der Kurklinik stand. Es hatte ihn viel Mühe gekostet, über Jahre hinweg, endlich diesen Parkplatz zu bekommen. Mithilfe von Angelika aus der Verwaltung war es ihm letztes Jahr endlich gelungen. Angelika Kleefeld, die schicke Dunkelhaarige mit der interessanten blauen Brille. Er mochte Frauen mit Brille.

Langsam, wie durch Geisterhand, schob sich der Dreckhaufen immer weiter nach links in Richtung eines silbernen Mercedes. Dr. Graf wartete noch immer. Er hätte schon längst losfahren können, aber offensichtlich war es ihm wichtiger, Olaf Rückert zur Rede zu stellen.

Plötzlich ließ der Hausmeister seinen Besen fallen und rief laut: »Oh, das tut mir leid, Herr Oberarzt, ein Notfall!«

Damit eilte er über den Parkplatz und verschwand durch den Hintereingang, so schnell und wendig, dass Graf nicht reagieren konnte. Viel zu spät erkannte der Oberarzt, dass der große Dreckhaufen direkt hinter seinem Wagen lag. Wütend schnappte er sich den Besen und begann, den Weg freizuräumen.

In diesem Moment sah Schwester Laura von der EKG-Abteilung aus dem Fenster im Erdgeschoss. Sie wagte kaum, ihren Augen zu trauen. »Schanett«, kreischte sie begeistert, »schau dir das an!«

Jeanette und Laura standen hinter der Gardine und kicherten um die Wette. Dr. Graf kehrte, was das Zeug hielt, und der Patient auf der EKG-Liege gewann den Eindruck, die zwei Krankenschwestern seien jetzt völlig ausgeflippt. Ein wenig waren sie das ja sowieso, die eine mit einem Piercing in der Unterlippe, die andere mit hennarotem Haarschopf.

Es war kein Geheimnis in der Kurklinik Bad Salzhausen, dass die beiden jungen Krankenschwestern den Oberarzt nicht leiden konnten. Er war ihnen viel zu konservativ, zu steif und förmlich, und jeden Tag lugte seine Krawatte hinten im Nacken unter dem weißen Hemdkragen hervor. Jeden Tag. So auch heute. Und nicht nur das. Als sein silberner Mercedes endlich um die Ecke bog, sahen sie einen blauen Plastikfetzen aus seinem Kofferraum hervorschauen.

Olaf Rückert war bester Laune. Er summte vor sich hin, genoss das herrliche Frühlingswetter und freute sich, dass der Oberarzt den Parkplatz gekehrt hatte. Er kontrollierte die Toiletten im Eingangsbereich der Klinik, sah im Vorübergehen in den Spiegel der Damentoilette und war mit sich zufrieden. Jedenfalls heute. An anderen Tagen war ihm sein Spiegelbild oft unangenehm, die struppigen blonden Haare mit den vielen Wirbeln, die er kaum zu bändigen wusste, sein leicht aufgeschwemmtes Gesicht, das zum Teil vererbt war, zum Teil aber dem ungesunden Essen und dem Calvados geschuldet war. Er mochte keinen Apfelwein, was viele Menschen in Bad Salzhausen und der Wetterau nicht verstanden, er trank den Äppler lieber in konzentrierter Form. Er warf einen abschließenden Blick in den Spiegel. Nun ja, wenigstens seine Augen und Ohren funktionierten noch bestens, er benötigte weder Brille noch Hörgerät. Man konnte nicht alles haben. Er verließ die Damentoilette gerade in dem Moment, als Angelika Kleefeld einem menschlichen Bedürfnis nachgehen wollte.

»Olaf«, rief sie entrüstet, »was machst du denn hier?«
Er grinste. »Du weißt doch, immer alles unter Kontrolle halten!«

Sie lächelte. »Jaja, und überall ein Verbrechen wittern, nicht wahr Kommissar Olaf?« Er fühlte sich geschmeichelt. »Ich nehme diese Dinge eben sehr ernst«, meinte er.

Sie nickte wissend.

Er überlegte, Angelika zu fragen, ob mit seinem Parkplatz alles in Ordnung sei, entschloss sich dann aber, dem Vorfall keine zu große Bedeutung beizumessen. Angelika Kleefeld hatte es verständlicherweise eilig und winkte ihm zu, bevor sie die Tür zur Damentoilette hinter sich schloss.

Er drehte noch eine Runde durch die Eingangshalle, nickte dem Kollegen am Empfang zu und nahm die Treppe ins Untergeschoss. Den Fahrstuhl benutzte er nur selten, wenigstens dadurch bekam sein Körper etwas Bewegung – das musste reichen. Im Übrigen war ihm das ständige Warten auf den Lift zuwider. Für eine Kurklinik dieser Größe waren zwei Aufzüge einfach zu wenig. Verwaltungsdirektor Klaus Teilich wusste das und es war ihm ein Dorn im Auge, zumal er es sich zur Aufgabe gemacht hatte, die Prozessabläufe im Klinikbetrieb zu optimieren. Doch die baulichen Gegebenheiten ließen keine Alternative zu. Olaf Rückert winkte dem Kollegen in der Telefonzentrale zu, der während des Telefonierens in sein Käsebrot biss. Olaf Rückert kannte fast alle Menschen, die den Kurbetrieb am Laufen hielten. Die Ärzte, Krankenschwestern und -pfleger, Physio- und Psychotherapeuten, die Zulieferer, die Verwaltungsleute, das Kantinen- und Reinigungspersonal und die Handwerker. Er war selbst einmal bei den Elektrikern gewesen, doch er brauchte seine Freiheit und seine Gestaltungsmöglichkeiten. Obwohl er ein kommunikativer Mensch war, arbeitete er nicht gut im Team, das wusste er. Und nun hatte Olaf seinen Traumjob gefunden, allein und unabhängig, trotzdem zuverlässig und hundertprozentig wachsam. Dafür hatte er auf fast 100 Euro Gehalt verzichtet. Das war eine Menge Geld, doch er brauchte nicht viel, die meiste Zeit des Tages verbrachte er sowieso im Krankenhaus. Seine kleine Wohnung in Nidda benutzte er nur zum Schlafen.

Er öffnete die Tür zu seinem Zimmer am Ende des Kellerganges. Sein Kabuff, wie er es zu nennen pflegte. Das Radio dudelte im Hintergrund. Einen Großteil des Raumes nahm sein Schreibtisch ein, der mit Papieren, Protokollen und Lieferscheinen bedeckt war. An der Wand hing ein riesiger Schlüsselkasten, der wie ein Tresor aussah und mit einem Zahlenschloss gesichert war. Nur er selbst und Verwaltungsdirektor Klaus Teilich kannten den Code. In der Ecke stand ein altes Feldbett, das er günstig aus Bundeswehrbeständen gekauft hatte. Es erinnerte ihn an seine eigene Bundeswehrzeit, vier Jahre Steubenkaserne in Gießen. Manchmal, wenn es spät wurde, übernachtete er hier im Kabuff.

Er schaltete die Kaffeemaschine ein, die er bereits nach der Mittagspause fertig bestückt hatte, holte seinen Mohnkuchen aus der Tüte und setzte sich. Mohnkuchen mit Streusel war sein Lieblingsgebäck, besonders wenn er aus dem Krankenhauscafé im ersten Stock stammte. Frau Paulert backte den Kuchen selbst, und sie *konnte* backen.

Als der Kaffee durchgelaufen war, öffnete er die Tür zu dem kleinen Waschraum, spülte seine rote Kaffeetasse notdürftig im Waschbecken und goss ein.

Dann öffnete er die unterste Schreibtischschublade und holte den Krimi heraus, den er gerade las. Kriminalfälle interessierten ihn. Er hatte keine hohen Ansprüche, las keine Weltliteratur, hatte weder die F.A.Z. noch Die Zeit abonniert, hatte kein Abitur und besuchte keine Literaturkurse an der Volkshochschule. Aber er las gerne. Und viel.

Seine Freunde wussten das. Angelika wusste es, Schwester Laura und Schwester Jeanette aus der Inneren und sein Freund Murat Koroglu aus der Medizintechnik ebenso.

Als er gerade überlegte, was der Kommissar in seinem Buch wohl als Nächstes tun würde, klingelte das Telefon. Auf dem Display sah er, dass es ein interner Anruf war. Apparat 120.

»Hier Teilich!«, dröhnte es aus dem Hörer. Olaf richtete sich auf. Nur selten rief der Verwaltungsdirektor höchstpersönlich in seinem Kabuff an.

»Rückert, ich brauche Sie sofort in meinem Büro, lässt sich das einrichten?«

»Äh, ja, natürlich«, stotterte Olaf.

»Gut, aber bitte sofort. Und Rückert ...«

»Ja, Herr Teilich?«

»Ziehen Sie bitte Ihren grauen Kittel aus, ja?«
»Wie bitte, warum das denn?«
»Bitte!«
»Gut, ich komme!«

Er sah auf die Uhr. Gleich 15 Uhr. Seine Kaffeetasse war noch halb voll, der Mohnkuchen lag zerbröselt auf der Schreibtischplatte. Olaf hängte seinen grauen Kittel an den Wandhaken. Er fühlte sich ein wenig unsicher ohne die tägliche Arbeitskleidung. Dann kämmte er sich kurz durch die struppigen Haare, ohne wirklichen Erfolg, und machte sich auf den Weg. Auf der Treppe nach oben begegnete ihm Murat. Er trug eine Infusionspumpe unter dem Arm.

»Hallo, Kommissar Olaf!«

Olaf winkte ihm zu und versuchte, sein Hemd glatt zu ziehen. Fast wäre er dabei gestolpert. Oben bog er in den Flur des Verwaltungstraktes ein. Teilichs Büro hatte er schon lange nicht mehr betreten, es lag am Ende des Flurs.

Er klopfte und öffnete die Tür. Teilichs Sekretärin war eine kühle Blonde gehobenen Alters mit einer aufgetürmten Betonfrisur. Er sah sie fragend an und sie deutete mit dem Beton in Richtung Besprechungsraum. Olaf Rückert trat ein.

Zu seiner großen Überraschung saß Angelika mit am Tisch und warf ihm einen unsicheren Blick durch ihre blaue Brille zu. Neben ihr erkannte er Professor Herkströter, eine unbekannte Frau in ihren Vierzigern und natürlich Verwaltungsdirektor Teilich. Dieser erhob sich und begrüßte Olaf. »Frau Kleefeld kennen Sie ja, Herrn Professor Herkströter auch, und dies ist Kommissarin Andretzky vom Polizeipräsidium Mittelhessen.«

Olaf gab ihr die Hand.

»Wie bitte«, meinte er verwirrt, »Sie sind also eine ... echte Kommissarin, aus Gießen?«

»Beate Andretzky«, stellte sie sich vor, ein wenig zu förmlich für Olafs Geschmack, »ja, ich bin eine echte Kommissarin.«

Olaf war konsterniert.

»Was ist los, glauben Sie mir nicht?«, fragte Beate Andretzky leicht amüsiert.

»Ja, ja, doch, natürlich, entschuldigen Sie bitte!«

Sie zeigte ihm ihren Dienstausweis. Erst damit konnte er sich einigermaßen beruhigt setzen. Der Wechsel von dem fiktiven Kommissar im Buch zur realen Kommissarin Andretzky machte ihm zu schaffen.

»Eine Leiche ist verschwunden!«, sagte der Professor unvermittelt.

»Eine Leiche ist verschwunden?«, fragte Olaf mechanisch.

»Eine Leiche ist verschwunden!«, bestätigte Teilich.

»Eine Leiche ist verschwunden ...«, murmelte Olaf.

»Sie brauchen nicht alles zu wiederholen wie ein Papagei«, knurrte Professor Herkströter, »erklären Sie uns lieber, wie das passieren konnte!«

»Ich?«

»Ja, Sie!«

Langsam begriff Olaf Rückert, was hier gespielt wurde. Eine Leiche war verschwunden, er hatte die Schlüsselgewalt und sollte nun dafür verantwortlich gemacht werden.

»Was werfen Sie mir vor?«, entgegnete er spitz.

»Moment mal, Herr Rückert«, schaltete sich die Kommissarin ein, »zunächst wirft Ihnen niemand etwas vor.« Ihre Stimme hatte einen dunklen Klang, sie sprach ruhig und sachlich, was gut zu ihrer sportlichen Erscheinung passte. Sie trug keine Brille. Leider. »Wir müssen ganz einfach herausbekommen, wie das passieren konnte, wie Herr Trakovic, besser gesagt die Leiche von Herrn Trakovic, unbemerkt verschwinden konnte. Ohne Gewaltanwendung an Türen und Schlössern, ohne einen Hinweis in den Überwachungsvideos und ohne dass das Personal etwas Verdächtiges bemerkt hat.«

Offensichtlich hatte die Polizei schon einige Arbeit geleistet.

»Wann … ich meine, zu welcher Zeit ist Herr Trakovic denn verschwunden?«

»Heute Nacht«, antwortete Angelika, sie saß vor einem Papierstapel. »Hier sind alle Unterlagen.«

»Ich habe Frau Kleefeld gebeten, der Polizei zur Hand zu gehen und alle nötigen Informationen bereitzustellen«, sagte Teilich.

Seine geschwollene Sprachweise konnte Olaf an manchen Tagen ziemlich auf die Nerven gehen. Und heute war solch ein Tag.

»Und was sagt Helfrich dazu?«, fragte Olaf.

»Was heißt das denn, wollen Sie meinen Assistenten verdächtigen?«, polterte Professor Herkströter.

»Moment mal, Herr Professor«, antwortete Olaf, »zunächst verdächtige ich niemanden. Wir müssen ganz einfach herausbekommen, wie die Leiche von Herrn Trakovic unbemerkt verschwinden konnte, ohne Gewaltanwendung an Türen und Schlössern, ohne einen Hinweis in den Überwachungsvideos und ohne dass das Personal ...«

Der Professor winkte ab, Beate Andretzky grinste und Angelika warf ihm einen bewundernden Blick zu.

»Herrn Helfrich haben wir bereits befragt«, sagte die Kommissarin, »er hat nichts bemerkt, seine Papiere sind in Ordnung und er kann sich das Ganze absolut nicht erklären. Gestern hat er die Leiche selbst in die Kühlung gebracht, heute Morgen lag sie nicht mehr in der Box.«

Olaf überlegte. »Eins ist ja klar«, sagte er langsam, »derjenige, der die Leiche verschleppt hat, ist auch der Mörder!«

Teilich starrte ihn entsetzt an. »Wieso Mörder?«

»Na, warum sollte sonst jemand eine Leiche entführen!«

Beate Andretzky musterte ihn nachdenklich.

»Also hör mal, Olaf«, meinte Angelika Kleefeld, »jetzt übertreibst du aber, hast wohl wieder zu viele Krimis gelesen?«

Alle sahen ihn an.

Wie konnte sie nur so etwas sagen – in dieser Situation? Sein Kopf pochte und er wünschte sich zurück in sein Kabuff zu der roten Kaffeetasse und dem Mohnkuchen.

Damit war es um seine Glaubwürdigkeit geschehen. Er wurde nicht mehr gefragt. Die Kommissarin veranlasste, dass der Schlüsselschrank untersucht und Fingerabdrücke genommen wurden. Die gestrigen Einträge in das Schlüsselbuch sollten nach verdächtigen Namen durchsucht werden.

Er sagte nichts mehr und beschloss, seine Kontakte zu nutzen. Er musste sich als Erstes im Haus umhören. Teilich wollte gerade etwas sagen, als die Betonfrisur hereinstürmte.

»Herr Teilich …«

»Jetzt nicht bitte …«

»Entschuldigung, aber das BfArM ist am Telefon!«

»Auch das noch«, murmelte Teilich vor sich hin und ging hinaus.

»Was ist das … BfArM?«, fragte die Kommissarin.

»Das Bundesinstitut für Arzneimittel und Medizinprodukte«, antwortete Angelika eifrig. »Die sind für die Zulassung neuer Medikamente und Medizinprodukte zuständig, wenn die schon mal von sich aus hier anrufen, dann ist aber was im Busch, das kann ich Ihnen sagen!«

Beate Andretzky blickte sie fragend an.

»Vielleicht hat jemand ein nicht zugelassenes Medikament benutzt, so was gibt es ja immer mal wieder.«

Olaf runzelte die Stirn.

»Natürlich nicht bei uns ...«

Olaf Rückert konnte Angelika plötzlich nicht mehr so gut leiden. Sie plauderte zu viel. Zu viel Unüberlegtes, Unbewiesenes. Seinen Plan, sie am kommenden Sonntag zum Tanztee im Bürgerhaus Bad Salzhausen einzuladen, ließ er in diesem Moment fallen.

Er verließ den Besprechungsraum, ohne sich zu verabschieden. Sie konnten ihn ja jederzeit anrufen. Und die Kommissarin würde sowieso heute noch in seinem Kabuff auftauchen.

Als Erstes suchte er Schwester Laura. Sie befand sich gerade auf der Station 2A. Gemeinsam gingen sie in den Sozialraum, um ungestört reden zu können. Dort erzählte er Laura die gesamte Geschichte.

Sie sah ihn mit großen Augen an. »Eine Leiche ist verschwunden?«

»Ja, eine Leiche ist verschwunden!«

»Das ist ja grausam!«

Er nickte. »Hast du irgendeine Idee, wer das gewesen sein könnte?«

Laura schüttelte den Kopf. Sie lief im Raum herum und überlegte. Plötzlich blieb sie stehen. Sie wurde kalkweiß im Gesicht.

»Olaf ...«

»Ja, was denn?«

»Ich weiß, wer die Leiche gestohlen hat!«

Nie hätte Olaf mit dieser Reaktion gerechnet. Laura schnappte nach Luft und konnte nicht weitersprechen. Ihr Piercing wackelte auf und ab.

»Nun sag schon, Laura!«

»Olaf … als du dich gestern mit Dr. Graf gestritten hast, ich meine draußen auf dem Parkplatz …«

»Woher weißt du das?«

»Ich stand am Fenster.«

Er wunderte sich, dass sie genau in diesem Moment aus dem Fenster geschaut hatte. So etwas können nur Frauen.

»Und, weiter?«

»Danach haben Schanett und ich dem Oberarzt noch beim Kehren zugeschaut, und dann ist er weggefahren.«

»Ja, und …?«

»Aus seinem Kofferraum hat so eine blaue Mülltüte herausgeschaut, weißt du, eine von diesen blauen Plastiktüten.«

»Ja, ja, ich weiß«, flüsterte Olaf, »ich weiß, ich weiß!«

Das klang so geheimnisvoll, dass Laura vor Aufregung der letzte Rest Blut aus dem Gesicht wich und sie drohte, in Ohnmacht zu fallen. In diesem Moment trat die Oberschwester ein.

»Schwester Laura?«

Olaf hielt sie im Arm und tätschelte ihre Wange.

»Herr Rückert!«

»Ihr ist schlecht geworden. Sonst nichts!«

Die Oberschwester schüttelte tadelnd den Kopf und nahm ihm die schwankende Laura ab.

Olaf murmelte etwas Unverständliches und lief zum

Treppenhaus. Jetzt musste er sofort zu Schwester Jeanette.

Sie war immer noch in der EKG-Abteilung. Olaf erzählte die ganze Geschichte noch einmal. »Laura sagt, die Ecke eines blauen Müllsacks hing aus Dr. Grafs Kofferraum, als er heute Mittag wegfuhr, stimmt das?«

»Ja, sicher, das stimmt. Du meinst, er hat in dem Müllsack ...?« Jeanette wagte nicht, weiterzusprechen. Ihre Haare sahen noch roter aus als sonst. Es lag wohl an dem Kontrast zu ihrem blassen Gesicht.

»Sieht so aus«, antwortete er nachdenklich.

»Wer war denn der Patient ... ich meine die Leiche?«

»Ein Herr Trakovic.«

»Ach du liebe Zeit!«, rief sie entsetzt.

»Was heißt das denn?«

»Sagt dir der Name Trakovic nichts?«

Olaf schüttelte den Kopf.

»Serbischer Landadel, fast so schlimm wie die Mafia, Hütchenspiel, Schutzgelderpressungen, Hehlerei, Rauschgift. Kennt doch jeder in Oberhessen!«

»Aha«, murmelte er nachdenklich. Dann ließ er die aufgeregte Jeanette einfach stehen und trottete langsam in Richtung seines Kabuffs.

Die Kommissarin wartete schon vor der Tür. Er schloss wortlos auf und ließ sie eintreten.

»Bitte, setzen Sie sich«, sagte er und deutete auf das Feldbett. Aber sie wollte lieber stehen bleiben. Er selbst ließ sich auf seinen Schreibtischstuhl fallen. Der

Kaffee war kalt und der Mohnkuchen trocken. Beate Andretzky schielte neugierig auf sein offenes Buch.

»Neuer Krimi«, sagte er. »Wurde letzte Woche bei ›Nidda erlesen‹ vorgestellt.«

Sie nickte.

»Ich glaube, ich habe den Fall gelöst«, sagte Olaf langsam.

»Welchen Fall, den im Buch?«

»Nein, den Fall Trakovic!«

Die Kommissarin sah ihn überrascht an. »Aha!«

»Ich weiß, Sie werden mir nicht glauben, aber es war unser Oberarzt, Dr. Werner Graf. Er wurde von der serbischen Mafia bedroht, wahrscheinlich von Trakovic persönlich, vielleicht sogar erpresst. Als Trakovic hier ins Krankenhaus kam, hat er ihn umgebracht. Dann ließ er die Leiche verschwinden, in einem blauen Müllsack in seinem Kofferraum, dafür gibt es Zeugen. Ich weiß nur noch nicht, wie er ihn ermordet hat, aber das bekomme ich noch heraus!«

Er grinste triumphierend.

»Ziemlich gewagt, meinen Sie nicht?« Ihre Stimme klang leicht amüsiert.

Er hob die Schultern. »Ich wusste, dass Sie das sagen würden.«

Damit griff er zum Telefon und rief im Sekretariat der Inneren Medizin an. Dort erfuhr er, dass Oberarzt Dr. Graf seit ungefähr einer halben Stunde wieder im Haus war, er hatte um die Mittagszeit etwas Privates zu erledigen gehabt.

»Sehen Sie, etwas Privates. Etwas *sehr* Privates!«

Die Kommissarin schüttelte belustigt den Kopf.

»Die Spusi kommt gleich«, meinte sie lächelnd.

Es klopfte. In der festen Überzeugung, es sei die Spurensicherung, öffnete er die Tür.

Draußen stand Dr. Graf. »Ich muss mit Ihnen reden, Rückert!«

»Sie mit mir – warum das? Ich bin doch nur der Hausmeister.«

»Blödsinn, jetzt seien Sie mal nicht so empfindlich!« Er drängte sich in Olafs Kabuff. »Ich muss mit Ihnen reden, über den Parkplatz, Sie wissen schon!«

Während Olaf versuchte, sich zu sammeln, merkte er, dass die Kommissarin verschwunden war, die Tür zu seinem kleinen Waschraum stand angelehnt.

»Sie werden für den Rest Ihres Lebens wohl keinen Parkplatz mehr brauchen!«, sagte er.

»Was reden Sie denn da, Rückert?«, sagte Dr. Graf leicht verunsichert, »Ihren Spaß hatten Sie doch heute Mittag, nun lassen Sie uns mal wie vernünftige Menschen reden.«

»Genau, wie vernünftige Menschen – das finde ich sehr gut!« Olaf trat nah an den Oberarzt heran. »Und ich werde Ihnen jetzt etwas Vernünftiges sagen: Sie wurden von Trakovic erpresst!«

Graf wurde leichenblass. Er ließ sich auf das Feldbett fallen.

»Sie hatten Angst vor ihm«, fuhr Olaf unbeirrt fort, »Angst um Ihr Leben und das Ihrer Familie!«

Die Parkplatzgeschichte schien Olaf einen psychologischen Vorteil verschafft zu haben. Graf widersprach nicht.

»Ist es so oder nicht?«, schrie Olaf.

Werner Graf hob in einer Art Reflex schützend die Hand über den Kopf. Olaf staunte. Damit hatte er nicht gerechnet. Einige Zeit sprach keiner von beiden.

Dann sagte Graf leise: »Woher ... ich meine, woher wissen Sie das?«

»Ich bin zwar nur der Hausmeister, aber ich kann die Fakten interpretieren. Und ich besitze Menschenkenntnis.«

»Offensichtlich«, presste der Arzt hervor, »denn Sie haben recht, er hat mich bedroht. Mich und meine Familie.«

»Warum sind Sie nicht zur Polizei gegangen?«

»Die Deppen hätten mir auch nicht geholfen!«, meinte Graf verbittert.

Mit einem lauten Knall flog die Tür des Waschraums auf. »Sie sind vorläufig festgenommen!«, rief die Kommissarin. »Wegen des Verdachts, Herrn Trakovic ...«

»Das ist Frau Andretzky, Kripo Gießen«, unterbrach Olaf.

Dr. Graf saß demütig auf dem Feldbett und streckte ihr die Hände hin. Die Handschellen klickten. Graf schien fast froh, dass nun alles vorbei war.

»Was war in dem blauen Müllsack?«, fragte die Kommissarin streng.

»Was für ein blauer Müllsack?«

»Der Müllsack, den Sie heute Mittag in Ihrem Kofferraum transportiert haben.«

Graf schüttelte verständnislos den Kopf. »Gartenabfälle, was sonst? Ich habe sie schnell zum Wertstoffhof gefahren, weil meine Frau sonst heute Abend Theater macht.«

Das Telefon klingelte. Es war Angelika.

»Was willst du?«, fragte Olaf barsch. Sie stutzte einen Moment.

»Ich ... äh, wollte dir nur sagen, dass die Leiche von Trakovic wieder aufgetaucht ist!«

»Waas?«

»Ja, Helfrich hat einen Fehler in seinem Leichenbuch entdeckt, Trakovics Leichnam wurde gestern bereits überführt, er ist ordnungsgemäß abgeholt worden, Fehlalarm!«

Olaf Rückert wünschte sich einen Calvados. Bevor er Zeit hatte, über die neue Situation nachzudenken, klingelte das Handy von Beate Andretzky. Sie telefonierte, brummte vor sich hin, schimpfte und fluchte. Sie war stinksauer.

»Trakovics Leiche wurde nach Wiesbaden überführt«, sagte sie. »Das Bundeskriminalamt hat den Fall übernommen, organisiertes Verbrechen. Leider haben die Kollegen vom BKA vergessen, mich zu informieren!«

Olaf nickte. »Und, hatte ich recht, wurde Trakovic ermordet?«, fragte er.

Sie hob die Schultern. »Der Obduktionsbericht liegt noch nicht vor.«

Es klopfte. Murat Koroglu trat ein. Langsam war das Kabuff überfüllt. »Stellt euch vor, der Trakovic ist tatsächlich ermordet worden«, berichtete Murat aufgeregt. »Wir haben festgestellt, dass eine Infusionspumpe manipuliert wurde, sodass ihm die Überdosis eines Herzmedikaments verabreicht wurde. Das mussten wir sofort beim BfArM melden, ist Vorschrift so. Die haben einen Sachverständigen geschickt und der hat es bestätigt.«

»Aha!«, meinte Olaf.

»Die Pumpe wurde laut Leihbuch von Schwester Helga ausgeliehen«, fuhr Murat fort, »und nun ratet mal, in wessen Auftrag sie gehandelt hat?«

»Im Auftrag von Dr. Graf!«, antwortete Olaf Rückert trocken. Er zeigte auf das Feldbett und den Oberarzt in Handschellen. Murat hatte ihn offensichtlich noch gar nicht wahrgenommen.

»Respekt, Kommissar Olaf!«

FREIZEITTIPPS:

Touristik Nidda/Bad Salzhausen:
Das Stadtmarketing hat Nidda die Bezeichnung »Die Stadt am Fluss« gegeben. Für Besucher spielt der gleichnamige Fluss jedoch keine große Rolle, der kleine, aber feine Stadtteil Bad Salzhausen ist für sie wichtiger.

86. Kulturevents in Nidda
»Klein, aber fein« – das kann als Charakterisierung für die Stadt Nidda gelten. Diese Veranschaulichung passt auch sehr gut zu den regelmäßigen Kulturevents: »nidda erlesen«, »Nidda in Concert«, »Swingin' Parc – Jazz meets ...« und »Nidda satirisch«.
  Weitere Informationen: www.nidda.de > Kultur und Tourismus > Kulturelles Angebot > Kulturelle Reihen

87. Kurpark Bad Salzhausen
Der Kurpark ist einer der ältesten in Deutschland. Ein Teil wurde bereits 1826 angelegt. Für den Spaziergänger sehr angenehm: Die weitläufigen, 52 Hektar großen Parkanlagen sind nicht durch Zäune oder Straßen begrenzt, sondern gehen offen in die wunderschöne Naturlandschaft Oberhessens über. Kenner wissen auch die botanische Vielfalt des Kurparks mit über 300 Arten von Holzgewächsen zu schätzen.
www.bad-salzhausen.de/der-Kurpark.html

88. Justus-von-Liebig-Therme in Bad Salzhausen
Schwimmen, innen und außen, Solebad, Sauna, Salzgrotte und Aquafitness – all das können Sie in der Justus-von-Liebig-Therme (Kurallee 2) erleben. Dem großen Gießener Chemiker Justus von Liebig hat Bad Salzhausen viel zu verdanken, da er im 19. Jahrhundert die Solequalität des Wassers feststellte und veröffentlichte, sodass die Therme nach ihm benannt wurde.
www.justus-liebig-therme.de

89. Tanztee in Bad Salzhausen
Der Tanztee findet jeweils sonntags ab 15 Uhr im Bürgerhaus Bad Salzhausen (Kurallee 23) statt. Olaf Rückert schaffte es im Kurzkrimi »Kommissar Olaf« nicht, seine angebetete Angelika hierher einzuladen. Vielleicht gelingt es Ihnen ja, sich mit dem Menschen Ihrer Sehnsucht dort zu einem Rendezvous zu verabreden.

90. Skulpturenpark Bad Salzhausen
Der Verein »KUNST:PROJEKT e. V. Nidda – Bad Salzhausen« machte es sich zur Aufgabe, zeitgenössische Kunst in den öffentlichen Raum zu bringen. Damit soll sowohl die junge, experimentelle Kunst als auch der Ort Bad Salzhausen gefördert werden. Die Plastiken und Skulpturen können kostenfrei im Kurpark bestaunt werden, Vernissagen finden üblicherweise im Parksaal statt.
www.kunst-projekt.de

Und falls Sie sich für den Unterschied zwischen Plastiken und Skulpturen interessieren: Bei einer Plastik wird Material addiert, bei einer Skulptur subtrahiert.

91. Sehenswürdigkeiten in Bad Salzhausen
Weitere Sehenswürdigkeiten im Schnelldurchlauf: Parksaal, Glockenhaus mit Malschule, Gradierbau, Barockhäuschen, Lithium-, Schwefel- und Stahlquelle. Mehr Information gefällig? Bitte schön:
www.bad-salzhausen.de/Sehenswuerdigkeiten-in-Bad-Salzhausen.html

92. Steinbruch Nidda-Michelnau
Der »Verein Freunde des Steinbruchs Michelnau« bezeichnet den Steinbruch in den Ausläufern des Vogelsbergs als »Geotop der Extraklasse« und »Schaufenster in die Erdgeschichte«.
www.steinbruch-michelnau.de
Führungen: kontakt@steinbruch-michelnau.de oder 06043/400415.

93. Hessische Apfelwein- und Obstwiesenroute, Start ab Nidda
Die Wetterau mit ihrem fruchtbaren Lößboden ist die Korn- und Obstkammer Oberhessens. Entlang der hessischen Apfelwein- und Obstwiesenroute kann man auf neun wunderschönen Fahrradtouren die Wetterau erleben. Die Touren sind zwischen 20 und

45 Kilometer lang, Route 1 und 2 starten am Bahnhof Nidda.
www.awor.de/rundrouten

9. IN ALLER KÜRZE

HOHERODSKOPF

Sie haben gestritten.
Den ganzen Tag lang. Auch während der Fahrt, sogar noch bei der Ankunft am Parkplatz Taufsteinhütte.
Nun laufen sie durch den Wald.
Ein markierter Wanderweg des Vogelsberger Höhenclubs. Grünes »H«, acht Kilometer, zwei Stunden. Genug Zeit, um sich auszusprechen. Aber zunächst fällt kein Wort. Auch nicht an der Abzweigung zum Bismarckturm. Sie marschieren schweigend geradeaus. Bis zur Kreuzung bei Kilometer 3,5.
»Wir gehen hier links!«, sagt er.
»Wieso?«
»Das ist eine Abkürzung, so sparen wir uns die Schleife über die Breungeshainer Heide!«
»Woher willst du das wissen?«
»Weiß ich eben!«, sagt er.
»Abseits des markierten Weges?«
»Hast du Angst?«
»Quatsch!«

»Na also!«, sagt er.
Sie biegen links ab.
»37 Jahre reichen«, sagt sie.
»Pah!«
»Wieder mal dein typisches Pah!«
»Pah!«
»Wär mir auch egal!«, sagt sie.
»Was?«
»Wenn ich allein leben müsste.«
»Glaub ich nicht.«
»Du gehst mir total auf die Nerven!«, sagt sie.
»Wieso das denn?«
»Dein ewiges ›Pah!‹ und all die anderen blöden Ausdrücke.«
»Wie bitte?«
»Du bist intellektuell völlig verkümmert!«, sagt sie.
»So ein Blödsinn!«
Der Weg wird schmaler.
»Aber du mit deinen dummen Freundinnen!«, sagt er.
»Na, das war ja klar!«
»Eine Tussi schlimmer als die andere!«
»Ich mag sie eben.«
»Klar, blond und blond gesellt sich gern.«
»Pah!«
»Was heißt das denn jetzt?«, fragt er.
»Ich wollte auch mal ›Pah!‹ sagen.«
»Blöde Kuh!«
»Dummschwätzer!«

»Sind wir jetzt wieder auf diesem Niveau angekommen?«, fragt er.
»Ja, wir sind wieder einmal auf diesem Niveau angekommen!«
Sie gehen weiter.
»37 Jahre reichen wirklich«, sagt sie.
»So schnell wirst du mich nicht los!«
»Was soll das denn heißen?«
»Neulich, die Suppe. Ich konnte nicht mehr weiteressen. Bestimmt vergiftet.«
»Du spinnst ja!«, sagt sie.
»Und der Besen auf der Treppe, fast hätte ich mir das Genick gebrochen.«
Sie lacht auf.
»Da brauchst du gar nicht zu lachen!«, sagt er.
»Du solltest mal zum Psychiater gehen!«
»Selber!«, sagt er.
»Wir können ja zusammen hingehen.«
»Mit dir gehe ich nirgendwo mehr hin«, sagt er.
»Na danke schön!«
»Na bitte schön!«
Plötzlich stehen sie auf einer Lichtung.
In der Mitte befindet sich eine Holzhütte, groß und stabil. Davor parkt ein Geländewagen. Zwei Männer tragen Kartons hinein, Fernseher, Elektrogeräte, Computer. Schon hat sie einer der beiden gesehen. Sie wissen nicht, was sie tun sollen, sind völlig verwirrt, der Dummschwätzer und die blöde Kuh.
Dann fällt ein Schuss.

Zuerst wird ihre Schulter zerschmettert. Sie bricht zusammen. Sie wimmert. Er wirft sich schützend über sie. Ein zweiter Schuss. Direkt in seinen Rücken. Er stöhnt, rutscht neben ihr auf den Waldboden. Sie schafft es noch, sich herumzudrehen, versucht, ihm zu helfen. Dann fällt der dritte Schuss. Er trifft sie mitten ins Herz.

Sie sehen sich an.

Ein letzter Blick.

Sie wissen, was sie einander sagen wollen.

In aller Kürze.

FREIZEITTIPPS:

Touristik Vogelsberg:
Der Vogelsberg bildet das größte zusammenhängende Basaltmassiv Europas. Der letzte Ausbruch erfolgte vor etwa sieben Millionen Jahren, mit einer weiteren Eruption ist in einem vom menschlichen Verstand nachvollziehbaren Zeitraum nicht zu rechnen.

94. Wandern im Vogelsberg
Der Vogelsberg mit den bekannten Kuppen Hoherodskopf (763 Meter über NN) und Taufstein (773 Meter über NN) ist das beliebteste Naherholungsziel Oberhessens. Der in der Kriminalgeschichte »In aller Kürze« beschriebene Wanderweg entspricht dem Rundwanderweg 1 (Höhenweg, Markierung grünes »H«), modifiziert mit dem Einstieg am Taufsteinparkplatz. Er ist acht Kilometer lang, ohne große Höhenunterschiede und bietet eine reizvolle Landschaft: die urwüchsigen Blockfelder des Taufsteins, der wilde Geiselstein, die Forellenteiche und die schönen Höhenwiesen am Hoherodskopf. Für fortgeschrittene Wanderer empfiehlt sich der 62 Kilometer lange »Oberhessenweg« von Gießen über Grünberg und die Feldkrücker Höhe bis zum Hoherodskopf. Alles nachzulesen auf der Homepage des 1881 gegründeten Vogelsberger Höhen-Club (VHC) oder der Internetseite der Vogelsberg-Touristik.

vhc-gesamtverein.de/wanderregion-vogelsberg
www.vogelsberg-touristik.de > Interaktive Karte

95. *Taufstein*
Der Taufstein ist die höchste Erhebung des Vogelsbergs, sticht aus der Silhouette allerdings nicht so hervor, dass er von ferne erkennbar wäre. Auch touristisch ist er nicht so dominant wie der Hoherodskopf. Der 1910 fertiggestellte Bismarckturm auf dem Taufstein dient als Aussichtsturm, Sendemast und Vermessungspunkt. Die Gastronomie in der Taufsteinhütte wird vorwiegend von Wanderern genutzt.

96. *Sommerrodelbahn*
Ein attraktives Freizeitvergnügen für Kinder und Erwachsene auf der großen Wiesenfläche des Hoherodskopf.
www.sommerrodelbahn-hoherodskopf.de

97. *Baumkronenpfad*
Für alle, denen Klettern zu anstrengend ist, gibt es am Hoherodskopf seit 2012 den europaweit ersten Baumkronenpfad. Über speziell gesicherte Holz- und Stahlkonstruktionen bewegen Sie sich in Baumkronenhöhe über Hängebrücken von Baum zu Baum und sind damit der Natur noch ein Stück näher.
www.baumkronenpfad.de

98. Galileo Erlebniswald
Ob sehen, riechen, hören oder fühlen – im Galileo Erlebniswald werden alle Sinne angesprochen. Streifenspiegel zum optischen Mischen zweier Gesichter, Riechkästen und Partnerschaukel sind nur einige Beispiele der überraschenden Erlebnisse.
 www.galileo-hoherodskopf.de

99. Mountainbiking (MTB) im Vogelsberg
Der Vogelsberg ist ein hervorragendes Mountainbike-Revier. Dem weitläufigen MTB-Netz der Gemeinde Schotten haben sich die Nachbargemeinden Grebenhain und Ulrichstein angeschlossen. Damit entstand, ähnlich den Skiarenen in den Alpen, eine MTB-Arena mit 160 Kilometer gut ausgeschilderter Strecke.
 www.vogelsbergarena.de/?p=mtb

100. Wintersport auf dem Hoherodskopf
Angeblich fällt hier der erste Schnee der Saison und im Frühjahr bleibt er sehr lange liegen. Der Hoherodskopf bietet den längsten Skilift Hessens, eine Flutlichtabfahrt und eine Flutlichtloipe. Sehr beliebt: der sich weit in Richtung Breungeshain ziehende Rodelhang. Skipisten und Loipen rund um den Hoherodskopf mit Schneebericht finden Sie unter:
 www.vogelsberg-touristik.de > Winter im Vogelsberg

101. Sternwarte Vogelsberg
Im Jahr 2006 gründete sich der Verein »Sternenwelt Vogelsberg e. V.«. Mit Unterstützung der Gemeinde Feldatal wurde die Sternwarte im Ortsteil Stumpertenrod errichtet. Empfehlenswert, auch für Kinder und Jugendliche: die Neumondtreffen mit Führung und allgemein verständlichen Erklärungen.
www.sternenwelt-vogelsberg.de

102. Vogelsberger Golfclubs
Der Golfsport gewinnt immer mehr Freunde und wurde 2016 nach 112 Jahren wieder olympisch. Weniger olympisch geht es in den beiden Vogelsberger Golfclubs zu:
Golfclub Lauterbach (18 Loch): www.gc-lauterbach.de
Golf-Club Eschenrod (18 Loch): www.gc-eschenrod.de

103. Schottenring
Der Motorsportclub Schotten veranstaltet regelmäßig Rennen auf dem legendären Schottenring. Den dortigen 13. ADAC Bergpreis 2016 für Tourenwagen gewann Herbert Pregartner vom MSC Rottenegg auf Porsche 911 GT2 RSR.
www.schottenring.de

104. Esel- und Lamatrecking
Die andere Art, den Vogelsberg zu erkunden: bei einem Ritt auf Lama oder Esel.
www.vogelsberglamas.de

105. Vulkanradweg
Es gibt viele gekennzeichnete Radwege durch deutsche Mittelgebirge. Dieser hier bietet einen großen Vorteil: Von den Bahnhöfen Lauterbach, Mücke, Hungen, Glauburg-Stockheim, Nidda und Wächtersbach aus können Sie Ihre Fahrräder mit dem Vulkan-Express-Bus bis zum Hoherodskopf bringen lassen – der Bus führt einen Spezialanhänger mit sich. Dort beginnt dann eine rasante Abfahrt hinab ins Tal. Ein tolles Vergnügen! Die Saison startet am 1. Mai und endet am 30. Oktober.
www.vulkanradweg.de
www.vgo.de > Freizeit > Vogelsberger Vulkanexpress

10. BEULCHES UND SPITZBOUWE

GEDERN

Ich heiße Georg. Für einen 20-Jährigen ist allein das schon ein Hammer. Meine Kumpel nennen mich Schorsch. Auch nicht wirklich cool. Aber immer noch besser als Georg. Total Asbach uralt der Name. Erinnert mich außerdem an meinen Alten. Der hieß auch Georg, war Zimmermann und voll der Alki. Meistens hat er Apfelwein gesoffen, so wie es sich für einen oberhessischen Trinker gehört.

Aber das ist noch nicht alles. Mein Nachname ist Penner. Also wenn ich gerade mal nicht Georg oder Schorsch gerufen werde, dann Penner. Oder auch: »Hey, du Penner!« Manchmal fragt auch jemand: »Habt ihr den Penner gesehen?« Besondere Scherzbolde antworten dann: »Ja, unter der Mühlbachbrücke!« Voll witzig.

Und das ist immer noch nicht alles: Ich bin in Gedern aufgewachsen. Gedern! Der Nabel der Welt, das Zentrum von Oberhessen, wenn nicht sogar von ganz Deutschland. Alle, die in solch einem Provinznest ihre Kindheit verbracht haben, müssten bei der Agentur für Arbeit eigentlich zehn Pluspunkte bekommen. Na gut, da gibt es den Gederner See, der ist ganz okay, hab da als Jugendlicher mit denen, die mich Schorsch nannten, rumgehangen und Joints geraucht. Zuerst aus echtem Gras, Bio-Joints sozusagen, später dann aus dem, was man auch in Frankfurt als »Gras« bezeichnet. Meistens war Nick dabei – der Einzige, der mich mal als seinen Freund bezeichnet hat. Einmal nur in all den Jahren, aber immerhin. In echt heißt er Nikolaus. Auch nicht gerade der Bringer.

Und dann gibt es da noch die Städtepartnerschaft mit Columbia, Illinois, USA. Columbia liegt zwar auch im Hinterland, insofern nicht besser oder schlechter als Gedern. Aber: Von dort ist es nicht weit nach St. Louis, und das ist schon eine andere Nummer. Was ich da alles erlebt habe, während des Schüleraustauschs, das kann ich gar nicht erzählen, sonst würde die Jugendzensur dieses Buch wahrscheinlich verbieten. Der »Fänger im Roggen« ist nichts dagegen. Und wenn man den Mississippi hinunterfährt, kommt man nach Memphis. Memphis, Tennessee. Die Kathedrale des Rock 'n' Roll! Ich hab's nie dahin geschafft, aber allein die Möglichkeit, mit einem Boot dorthin zu schippern, find ich total cool. Vielleicht gibt es deswegen jedes Jahr das Elvis-Festival in Gedern. Das habe ich vergessen zu erwähnen, auch noch ein Pluspunkt. Aber das war's dann auch schon. Ansonsten beschäftigt sich die Stadtverwaltung damit, auf der Webseite zu posten, dass Rauchmelder nun auch in Privatwohnungen

Pflicht sind. Als ob es jemanden etwas angeht, dass ich in meiner Bude ab und zu eine quarze. Und dass alle Leute die Kacke von ihren dämlichen Kötern mit nach Hause nehmen sollen, das steht auch auf der Homepage. Na ja, wenn man die Haufen längere Zeit in seiner Wohnung lagert, springt allein davon sicher schon der Rauchmelder an. Insofern habe ich dann den inhaltlichen Zusammenhang der beiden Meldungen erkannt.

Eigentlich wollte ich ja erzählen, wie mein Alter ums Leben kam, aber die tragischen Umstände meines Erwachsenwerdens sind zu wichtig, um nicht in einem versteckten Prolog abgearbeitet zu werden. Also, mein Alter, der Georg Penner senior, der fiel vom Gerüst. Er wurde noch ins Krankenhaus nach Schotten gebracht, dort ist er dann am nächsten Tag abgetreten. Schädelbruch, knack die Nuss – weg war er. Vor fünf Jahren war das, ich war gerade mal 15 Jahre alt. Hab ihn nicht vermisst seitdem, schließlich hat er sich ständig die Kante gegeben in irgendwelchen Kneipen in Gedern. Außer im Schlosshotel, da hatte er Hausverbot. Von seinem Zimmermannslohn blieb fast nichts übrig. Ich meine für Mutter und mich. Zum Glück hatte sie einen Job als Küchenhilfe. Trotz alledem beschäftigt mich das Ableben meines Alten seit einiger Zeit. Warum? Also, das war so: Vor drei Monaten habe ich meine Lehre als Maler und Lackierer beendet und suche seitdem einen Job. Die Agentur für Arbeit hat mir lauter beknackte Stellenangebote geschickt: Hörsaalassistent an der Uni Marburg zum Beispiel. Nichts für mich, ich schlag mich doch nicht mit den oberschlauen Studenten rum. Oder als Shuttlebusfahrer in Bad Nauheim, Flughafen und zurück, immer hin und her, total langweilig. Hab außerdem keinen Führerschein. Jedenfalls war kein Job als Maler und Lackierer dabei, und schon gar nichts in Gedern. Ich hing fast jeden Abend in irgendwelchen Kneipen ab. So weit alles ganz flüssig, bis so ein Spacko an der Theke zu mir sagt: »Der Apfel fällt nicht weit vom Stamm!« Erst dachte ich, der spricht von meinem Apfelwein. Dann habe ich geschnallt, was der wirklich meinte. Verdammte Bullenkacke, dachte ich, jetzt bin ich auf dem gleichen Weg wie mein Alter. Das geht ja gar nicht! Na ja, dann habe ich aufgehört, in den Kneipen rumzuhängen, und habe angefangen, mich mit dem Unfall von Georg Penner senior zu beschäftigen.

Deswegen fahre ich heute zu meiner Mutter, ich muss sie fragen, wie das genau war, damals. Sie wohnt jetzt in dieser komischen Klinik in Bad Salzhausen, ewig langer Bustrip. Die Klinik heißt irgendwas mit »Psycho«, na gut, ist schon ganz schön am Arsch, meine Mutter. Sie liest nur noch Bücher, tolle Bücher, von Heinrich Böll, Martin Walser und Harakiri Mukarami. Der Arzt sagt, sie flüchtet sich in eine fiktive Welt. Okay, »fiktiv« klingt seltsam, so nach Geschlechtsverkehr, aber der Doc wird es schon wissen. Meine Mutter will überhaupt nicht zurückkommen in die reale Welt, in meine Welt, hat sogar Mühe, mich zu erkennen.

»Bist du nicht der Freund von Nick?«, fragt sie.

»Ja«, sage ich. »Genau der bin ich. Aus Gedern.«

»Ach ja, Gedern, dieses kleinbürgerliche Städtchen am Rande der Wetterau.«

»Ja«, sage ich.

»Möchtest du wissen, was Martin Walser zum Thema Kleinbürgertum gesagt hat?«

»Ja, Mutter.«

»Wieso nennst du mich Mutter?«

»Ach, ist mir nur so rausgerutscht«, sage ich. Hammerhart ist das.

»Also gut«, sagt sie. »Martin Walser meint, der Mensch sei ein Fehler der Natur. Und das Kleinbürgertum erhebe diesen Fehler zum Programm.«

Den gesamten Heimweg muss ich über diesen Walser und seinen Spruch nachdenken. Hat mich echt beeindruckt. Demnach wäre auch ich ein Fehler der Natur. Schon möglich. Jedenfalls hat meine Mutter nichts rausgelassen zum Tod meines Alten.

Dann gehe ich zu meinem Lehrmeister und frage, ob er was weiß über die Sache. Er ist total baff, wie ich da jetzt darauf komme, nach drei Jahren Lehrzeit. Ist mir eben so eingefallen, sage ich. Er wüsste nichts, sagt er, aber ich solle Manfred Kellberg fragen, den Elektriker, der sei damals dabei gewesen.

Ich latsche also zu den Kellbergs, muss dazu durch den ganzen Ort. Einige werden sich jetzt wohl einen abgrinsen. Den ganzen Ort durchqueren. Riesenentfernung. Ja, schon klar. Jedenfalls ist Manni Kellberg der Seniorchef von den Elektrischen. Er ist nicht mehr oft auf der Baustelle, mehr im Büro. Als er hört, was ich von ihm will, sagt er, ich soll reinkommen und mich setzen. Klar, sage ich und hau mich in so 'n 50er-Jahre-Sessel, der quietscht wie eine angestochene Ratte.

»Pass auf, Georg …«

»Schorsch, bitte!«

»Gut, Schorsch. Man munkelt, dein Vater sei nicht so ganz von allein heruntergefallen.«

»Was?« Ich schieße hoch.

»Setz dich bitte wieder. Ich weiß, das ist ein Schock für dich …«

»Ein Schock?«, schreie ich. »Das ist kein Schock, sondern eine verdammte beschissene Lüge!«

»Kann sein«, sagt der Manni. »Ich habe ja auch nicht behauptet, dass es tatsächlich so war. Es ist nur ein Gerücht.«

»Der war doch sicher hackedicht, wie immer, und dann ist er abgeschmiert!«

»Gut möglich.«

»Was heißt *das* denn?«

»Ich war an diesem Tag auf der Baustelle.«

»Sie waren echt dabei?« Ich lasse mich wieder in die quietschende Ratte fallen.

»Nicht direkt, nur in der Nähe. Jedenfalls ist er lange geblieben an diesem Tag, dein Vater, hab mich schon gewundert. Es war so gegen 19 Uhr. Wir beide waren allein auf der Baustelle. Ich musste noch die Leitungen im Dachgeschoss ausmessen, wegen der Materialbestellung für den nächsten Tag. Er war auf dem Gerüst im zweiten Stock, auf der Gebäuderückseite, dort, wo die Elsa Kämmerer ihre Fenster hat. Dann habe ich zwei Stimmen gehört. Ich bin nicht sicher, denke aber, eine war eine Frauenstimme. Ist ja auf einer Baustelle selten. Jedenfalls stritten die sich und dann war es plötzlich ruhig. Ich habe mich nicht weiter darum gekümmert, musste ja fertig werden. Es klang so, als seien sie reingegangen oder weggefahren. Aber nachher, als dein Vater da unten lag, kam es mir doch seltsam vor.«

»Und die Polizei?«

»Soweit ich weiß, wurde überhaupt nicht ermittelt, weil alle dachten, er sei betrunken gewesen.«

»Und das mit der Tussi?«

»Wie bitte?«

»Mit der Frauenstimme?«

»Na gut, das habe ich …« Er hob die Hände.

»… gar nicht gesagt?«

Der Manni Kellberg sieht mich schuldbewusst an und schüttelt den Kopf. »Das klang doch sehr unwahrscheinlich, eine Frau auf der Baustelle, noch dazu so spät! Die haben mich außerdem gar nicht gefragt.«

»Schisser!«

»Wie bitte?«

»Ach nichts. Die Baustelle, wo war die eigentlich?«

»Starenweg 12«, antwortet er.

Auf einmal kann ich nicht mehr stillsitzen, muss an die frische Luft. Ich bedanke mich schnell und laufe raus. Mann, das ist ja abgefahren! Der Alte womöglich ermordet!

Ich muss noch mal durch den ganzen Ort, an unserer Schule vorbei, bis zur Ostpreußenstraße. Dort wohnt der Nick. Ihm gehört der Minigolfplatz am Gederner See. Da macht er zwar nicht den schnellen Euro, aber immerhin reicht es, um das Haus seiner Eltern zu erhalten.

»Ei, Schorsch, wo kimmst du dann her?«

»Vom Manni Kellberg. Wir müssen reden.«

»Hey, Alder, du quatschst ja wie 'ne Frau. Komm rein. Wills de 'n Gerstesaft?«

»Nee, danke, kein Alk.«

Ich erzähle ihm also die ganze Story. Er staunt.

»Hast du 'nen blassen Schimmer, was da los sein könnte?«, frage ich.

»Puh, nee, Alder, echt net.«

»Überleg mal, Nick, gab's damals irgendwas Krummes, was dir aufgefallen ist?«

Nick denkt nach. Das kann dauern bei ihm.

»Na ja ...«, murmelt er schließlich.

»Was?«

»Kurz bevor dein Alter ... du weißt schon, abgestürzt ist, gab's so 'ne Sach zwische ihm und der alte Kämmerer.«

»Streit oder was?«

»Jo.«

»Elsa Kämmerer? Die vom Gambrinus?«

»Jo.«

»Worum ging es denn?«

»Keine Ahnung, echt net. Mei Schwester hat davon gesproche, aber ich weiß net, was los war.«

»Hey, Nick, ruf deine Schwester an. Bitte!«

»Nee, Alder, mit der red ich net mehr, schon seit drei Jahrn net, verstehsde?«

»Okay, dann gib mir ihre Telefonnummer, komm, Junge, es ist wichtig!«

Der Nick zieht seine Stirn in Falten, steht langsam auf und geht in die Küche. Dann kommt er mit einem Zettel zurück.

»Du hast was gut bei mir!«, sage ich. »Übrigens, wo wohnt eigentlich die alte Kämmerer?«

»Starenweg 12.«

Zehn Minuten später weiß ich, um was es geht. Das Beulches-Rezept. Elsa Kämmerer behauptete, mein Alter hätte ihr Beulches-Rezept geklaut. Das am besten gehütete Geheimnis der Familie Kämmerer. Er sei vom Gerüst aus in ihr Büro eingestiegen und habe es mitgehen lassen.

Beulches sind geriebene Kartoffeln, die mit verschiedenen Zutaten wie zum Beispiel Eiern, Lauch und Pökelfleisch vermischt in ein Leinensäckchen – also ein Beutelchen – gefüllt und in Salzwasser gekocht werden. Dazu gibt es meist Zwiebelsoße und grünen Salat. Die Zutaten können aber stark voneinander abweichen, sodass es kaum ein allgemeingültiges Rezept gibt und die von Mutter oder Oma überlieferten Anleitungen gehütet werden wie ein Familienschatz. Beim Betrieb einer Gaststätte kann solch ein Rezept Gold wert sein. Beulches gehören zu Oberhessen wie ... meine Segelohren zu mir. Ach ja, das habe ich bei der Aufzählung meiner Jugendbeschwernisse vergessen: Segelohren.

Es war also Elsa Kämmerers Bude, in der der Dachstuhl ausgebessert wurde. Und kurz vor dem Absturz meines Alten hat eine Frau auf der Baustelle rumgelungert. Wahrscheinlich jedenfalls. Hatte mein Vater zuvor das Rezept gestohlen? Und die Kämmerer wollte es zurückhaben, ein Streit, eine Rangelei, ein Unfall?

Ich muss zu Elsa Kämmerer. Verdammt unangenehm die Sache. Aber es muss sein.

Starenweg 12. Ich drücke die Klingel.

»Ja bitte?«, kommt es aus der Sprechanlage.

»Ich bin Georg Penner«, sage ich. »Junior.«

Kurze Pause. Dann: »Treten Sie ein!«

Die Elsa Kämmerer ist echt alt, so um die 120. Aber voll korrekt angezogen. Wie eine Lady, also, das muss ich schon sagen. Ich komme mir fast schäbig vor.

Sie sieht mich prüfend an. »Kommen Sie herein!«

Ich folge ihr und versuche, mir auf dem Weg ins Wohnzimmer schnell noch das Schwarze unter den Fingernägeln hervorzukratzen.

Wir setzen uns.

»Sie sind also Georg Penner junior?«, fragt sie.

»Ei klar, also ... ja, der bin ich.«

»Was kann ich für Sie tun?«

»Na ja, mein Vater, er ist ...«

»Tot, ich weiß.«

»Ja, und jetzt wollte ich fragen, ob …?«

»… ob ich etwas damit zu tun habe?«

»Genau.«

»Ziemlich mutig, junger Mann. Einfach hier hereinzumarschieren und mich zu fragen, ob ich Ihren Vater umgebracht habe.«

»Ja, das stimmt, wissen Sie, es war mir lange egal, wie er umgekommen ist, aber jetzt … ich meine … jetzt nicht mehr. Ich muss es wissen.«

Frau Kämmerer nickt. »Das verstehe ich.« Sie macht eine Pause und sieht mich an. »Und glauben Sie, dass ich es war?«

»Ich weiß nicht, jedenfalls hat sich kurz vorher eine Frau da oben auf dem Gerüst rumgetrieben. Waren Sie das? Hat er Ihnen das Rezept geklaut? Wollten Sie es wiederhaben?«

»Passen Sie auf, Georg …«

»Schorsch bitte!«

»Passen Sie auf, Schorsch, ich erzähle Ihnen zwei Dinge. Erstens: Ihr Vater war oft bei uns im Gambrinus. Ich wollte ihn überreden, unsere Beulches zu probieren, mehrmals, aber er wollte nicht. War nicht sein Geschmack. Er hat sogar unflätige Ausdrücke dafür verwendet. Dabei sind die als Alkoholgrundlage sehr gut geeignet. Zweitens: Ich leide unter Höhenangst. Sonst noch Fragen?«

»Nee, also, eigentlich nicht, danke.«

»Ach übrigens: Mein Originalrezept ist tatsächlich

gestohlen worden. Am selben Tag. Es stammte von meiner Urgroßmutter. Ich habe natürlich eine Kopie, trotzdem sehr bedauerlich.«

Ich nicke und verabschiede mich.

Verdammte Hacke! Ich bin keinen Schritt weitergekommen. Ob es wirklich stimmt, dass der Alte keine Beulches mochte. Kaum zu glauben, jeder mag die in der Wetterau und im Vogelsberg. Besonders die Handwerker. Vielleicht hat sie ja gelogen. Ich muss noch einmal zu meiner Mutter.

Am nächsten Tag also wieder die ätzende Busfahrt nach Bad Salzhausen. Egal, ich muss das jetzt durchziehen.

»Hallo, ich bin's wieder, der Freund vom Nick!«, sage ich.

»Aus dem kleinbürgerlichen Gedern?«, fragt sie.

»Ja, genau der!«

Sie erzählt mir noch mal, was Martin Walser zum Kleinbürgertum gesagt hat, und ich höre ihr geduldig zu, ist ja schließlich meine Mutter.

Ich sage: »Mein Freund, der Nick, dem gehört jetzt die Minigolfanlage am See.« Irgendwie muss ich eine mehr oder weniger logische Verbindung zwischen Nick und meinem Alten herstellen.

»Minigolf, damit verbringt er also seine Zeit, ohne Ziel, auf der Suche nach gesellschaftlicher Anerkennung, sitzt da unten am Strand und schaut hinüber ans andere Ufer, zu ihr, zu dem grünen Licht am Ende des Stegs.«

Keine Ahnung, aus welchem Buch das nun wieder stammt.

»Ich war neulich essen mit ihm im Gambrinus!«

»Minigolf und essen, sonst hat er wohl nichts im Sinn, der Nick Oblomow.«

»Na ja, im Gambrinus, da gibt's gute Beulches.«

»Beulches, ja, sehr lecker!«

»Hat dein Mann die auch gerne gegessen?«

»Mein Mann, mein kleiner Fallada, nein, der hasste Beulches. Sehen aus wie ein mit Küchenresten gefülltes Kondom, hat er immer gesagt.«

Obwohl ich aus meiner bereits geschilderten Jugend einiges gewöhnt bin, schüttelt es mich. Mutter greift nach einem Fotoalbum, als wolle sie ablenken. Alte Fotos, meine Erzeuger vor dem Gederner Schloss. Dann ein Bild von Nick und mir neben dem Forellenbrunnen. Voll peinlich. Ich mit den Segelohren und Nick mit dem typischen Gesichtsausdruck eines Intelligenzallergikers. Ich darf den Gesprächsfaden nicht abreißen lassen.

»Und du, magst du Beulches?«, frage ich, weil mir gerade nichts Besseres einfällt.

»Ja, sehr gern, ich liebe Beulches!«

Sie ist ganz begeistert, ich staune. Und im nächsten Moment staune ich noch mehr.

»Ich habe sogar ein Rezept«, sagt sie, »ein einzigartiges Rezept. Die besten Beulches, die man sich vorstellen kann!«

»Was? Wo ist das Rezept?«

»Hinten im Fotoalbum, ganz hinten, schau nur mal nach!«

Ich habe noch nie eine Geschichte von diesem Edgar Allan Dingsbums gelesen, aber man sagt, die sind voll gruselig. So ein Gefühl habe ich jetzt. Krass!

Da ist es. Das Rezept. Vergilbtes Papier, links eine zerfranste Kante, herausgerissen aus einem Buch oder einem Heft. Eine alte Schrift, die ich kaum entziffern kann, die hatten wir in der Schule nicht. Nur die Überschrift kann ich lesen: »Beulches und Spitzbouwe«. Unten in der Ecke steht: »E. K.«.

Sie sieht mich an.

»Woher hast du das Rezept?«, frage ich. Meine Stimme klingt irgendwie komisch. Als würde ein anderer Kerl sprechen.

»Der Georg, der wollte etwas wiedergutmachen. Sollte wohl eine Art Entschuldigung sein für seine Sauferei.«

Ich muss schlucken.

»Aber für mich wars endgültig vorbei. Für mich hatte er sich in ein Untier verwandelt, weißt du, wie bei Kafka, solch eine Verwandlung.«

Dieser Kafka, der sagt mir gar nichts, vielleicht so ein Fantasytyp aus Herr der Ringe oder so.

»Er wollte mir eine Existenz verschaffen, damit mein Sohn und ich in Ruhe leben können. Ohne ihn. Ich sollte mit dem Beulches-Rezept ein Restaurant aufmachen. Oberhessische Spezialitäten.«

»Und dazu hat er das Rezept von der alten Kämmerer geklaut?«

»Ja. Er ist extra länger auf der Baustelle geblieben an dem Tag, um in ihr Zimmer einzusteigen. Und ich … ich dachte, er wär schon wieder in der Kneipe, weil es fast sieben am Abend war, also bin ich mit dem Fahrrad zur Baustelle gefahren. Er war noch da, oben auf dem Gerüst, ich bin hoch und er hat mir das Rezept gezeigt. Wir haben gestritten. Ich hab ihn angeschrien, ob er nicht mal was richtig machen könne. Nur ein einziges Mal! Ein geklautes Rezept ist doch keine Basis für ein eigenes Restaurant.«

»Und dann?«

»Dann hab ich ihm das Rezept aus der Hand gerissen.«

»Und er hat das Gleichgewicht verloren?«, frage ich.

»Nein.« Sie wartet.

Ich warte auch.

Sie holt tief Luft, sieht mich an. Ein Zerrbild meiner Mutter steht ihr ins Gesicht geschrieben. »Ich konnte nicht mehr. Seine Schuld war zu groß, es war Zeit für Sühne. Hab ihm gegen das Knie getreten. Dann ist er gestürzt.« Sie hält sich die Hände vors Gesicht.

Voll krass, meine Alte!

FREIZEITTIPPS:

Touristik Gedern:
Gedern – der Luftkurort am Rande des Vogelsbergs.
www.gedern.de

106. Gederner See
Der Gederner See mit all seinen Freizeitmöglichkeiten ist sicher eine der Attraktionen Oberhessens. Das Seefest mit dem abschließenden Höhenfeuerwerk ist der Jahreshöhepunkt (letzter Samstag im Juli). Aber bitte nicht wundern: Der dortige Minigolfplatz wird nicht, wie in der Kurzgeschichte »Beulches und Spitzbouwe« beschrieben, von Nick bewirtschaftet.
www.campingpark-gedern.de

107. Nickelches Määrt
Der Gederner Weihnachtsmarkt gilt als besonders idyllisch, wozu das Ambiente von Schloss Gedern und die vielfältige musikalische Untermalung beitragen. »Nickelches Määrt« findet regelmäßig am ersten Adventwochenende statt. Informationen dazu und weitere Veranstaltungshighlights finden Sie hier:
www.gedern.de > Aktuelles > Veranstaltungen

108. Gasthaus Zum Adler, Gedern-Steinberg
In gediegener Atmosphäre können Sie sich hier oberhessische Spezialitäten schmecken lassen. In der ober-

hessischen Küche spielen Kartoffeln, Äpfel und Apfelwein sowie Schnittlauch eine große Rolle. Beulches und Spitzbouwe (Beutelchen und Spitzbuben) enthalten, wie in der gleichnamigen Kurzgeschichte erwähnt, zum großen Teil Kartoffeln. Auf Vorbestellung serviert der Adler-Wirt Beulches für Gruppen ab acht Personen. Zudem gibt es im Herbst spezielle Beulches-Tage.

Wann diese stattfinden, erfahren Sie unter:
www.adler-steinberg.de
Rezepte für oberhessische Gerichte finden Sie unter:
www.oberhessen.de/essen-in-oberhessen

109. Schlosshotel Gedern
Gehobene Gastronomie, dennoch unverkennbar oberhessisch. Ein Menübeispiel: Vogelsberger Saibling mit Erbsen-Liebstöckel-Püree, Speck-Krusten-Spanferkelrücken mit Ofengemüse und Apfel-Schmand-Kartoffeln, Kirschenmichel-Pfannkuchen mit Schokolade und Käsekucheneis. Das Ganze serviert in einem wunderbar renovierten Barockschloss – treten Sie ein! Insofern Sie kein Hausverbot haben, so wie Georgs Vater in »Beulches und Spitzbouwe«.
www.schlosshotel-gedern.de

110. Forellenbrunnen
Die Forelle ist das Wappentier von Gedern und soll an den Wasser- und Fischreichtum der Stadt erinnern. Der Brunnen mit der markanten Doppelforellen-Skulptur

steht an der Kreuzung Lauterbacher Straße/Marktstraße und wurde 1963 von Wilhelm Heidwolf Arnold entworfen.

111. Schweben über der Erde
Der eine schwebt im Segelflieger, der andere auf dem Rücken der Pferde.
   www.sfg-gedern.de
   www.reitsport-gedern.de
   www.stonehill-barn.de
   www.vulkanhof-vogelsberg.de

11. VOR DEM JERUSALEMER TOR

BÜDINGEN

»Herein!«

»Guten Morgen, Berthold!«

»Hallo, Elmar! Der Bürgermeister höchstpersönlich. Was verschafft mir die Ehre?«

»Das ist eine längere Geschichte, darf ich mich setzen?«

»Natürlich, nimm Platz! Kaffee?«

»Nein, danke!«

»Also?«

»Es geht um die Flüchtlingsfamilie, die seit vier Wochen vor dem Jerusalemer Tor kampiert.«

»Ja, ja. Diese Familie aus der Mongolei.«

»Nein, Berthold, nicht aus der Mongolei. Aus Kirgisistan.«

»Von mir aus, ist aber dieselbe Ecke, hab mir das auf der Karte angesehen.«

»Dieselbe Ecke, das stimmt. Jedenfalls ist die Familie jetzt weg.«

»Na endlich! Hat meine Anfrage an den Magistrat doch etwas bewirkt.«

»Soweit ich mich erinnere, war es nicht *deine* Anfrage, Berthold, sondern die Anfrage eurer Fraktion, oder?«

»Ja, ja, Elmar, die ›Bürger für Büdingen‹ haben sich einstimmig dafür ausgesprochen, das Flüchtlingslager vor dem Jerusalemer Tor aufzulösen.«

»Du übertreibst. Wie immer. Ein einziges Zelt mit einer Frau und ihren drei Söhnen würde ich nicht als Lager bezeichnen.«

»Ich schon, Elmar. Immerhin musste unten auf der Wiese neben dem roten Turm eine Wasserleitung verlegt und eine Toilette aufgestellt werden. Deine städtischen Angestellten haben sich lange damit beschäftigt. Außerdem sage ich immer: Wehret den Anfängen!«

»Ich hatte ja schon eine vorübergehende Unterbringung in einem städtischen Gebäude organisiert, das wäre kein Problem gewesen, wir haben genug freien Raum. Das Zelt und die damit verbundenen Investitionen waren nur notwendig, weil eure Fraktion dagegen gestimmt hat.«

»Ich sage doch: Wehret den Anfängen! Eine Ausnahme folgt der nächsten und schon haben wir die Stadt voller Flüchtlinge. Die Söhne dieser Frau wollten ja sogar an unserem Triathlon teilnehmen, stell dir das mal vor!«

»Ja, ja, ich kenne deine Argumente. Und ein Berthold Kress ändert seine Meinung nicht, komme, was wolle!«

»Genau, Elmar, du hast es verstanden!«

»Natürlich, wir kennen uns schließlich schon lange. Du wirst bald 70, ich werde nächstes Jahr 60, wie lange kennen wir uns schon?«

»Wenn wir nur die Zeit nehmen, in der wir uns in der Kommunalpolitik gegenüberstehen, sind es rund 40 Jahre.«

»Stimmt. Ich wurde zum Bürgermeister gewählt, kurz nachdem dein Sohn umkam.«

»Hmm.«

»Berthold?«

»Ja?«

»Darf ich dich etwas fragen?«

»Hmm.«

»Wie ist das damals passiert mit Gerald?«

»Das ist doch allgemein bekannt.«

»Ich weiß nur, dass er in Frankfurt gelebt hat und erstochen wurde.«

»Er hatte eine Freundin, eine Marokkanerin. Nette Frau, kam aus der Landwirtschaft, Gerald hätte gern mit ihr zusammen unseren Hof übernommen. Ihr Bruder meinte, Gerald hätte schon vor der Ehe was mit ihr gehabt, du weißt schon …«

»Hmm.«

»Da hat er beide erstochen, seine Schwester und meinen Sohn.«

»Ein Ehrenmord?«

»Ja.«

»Verdammt aber auch!«

»Der Marokkaner bekam lebenslänglich. Aber was

nützt mir das, Elmar? Mein Sohn ist tot. Und wer erbt jetzt meinen Hof? Einen der größten in der Wetterau. Seit 400 Jahren in Familienbesitz.«

»So lange schon, bist du sicher?«

»Ja. Ich habe etwas Ahnenforschung betrieben. Seit 400 Jahren wird der Name Kress in den Büdinger Kirchenbüchern geführt. Mal Kres, mal Kreß, mal Kräss, aber immer derselbe Familienstamm. Im 18. Jahrhundert, nach dem Siebenjährigen Krieg, gab es eine schlimme Hungersnot, besonders in der Bergwinkelregion, drüben bei Schlüchtern. Viele sind nach Russland ausgewandert, an die Wolga, Katharina die Große rief sie. 1766 sind sie von Büdingen aus losgezogen. Auch ein paar meiner Verwandten sind mitgegangen.«

»Na gut, Berthold, ich möchte nicht indiskret sein, aber du wirst in Kürze 70 Jahre alt, Zeit für ein Testament, oder?«

»Du hast recht, Elmar. Warst schon immer ein Mann der klaren Worte, auch als Bürgermeister. Ich respektiere das.«

»Hmm.«

»Das Testament liegt dort in meinem Schreibtisch. Alles geregelt. Es fehlt nur noch der Name des Erben.«

»Ja, aber …«

»Ich weiß, ich weiß. Ich habe keinen Erben. Deswegen habe ich eine Anfrage beim Suchdienst des Roten Kreuzes gestartet. Vielleicht finden die meine Vorfahren an der Wolga.«

»Aha.«

»Was heißt das? Dieses seltsame ›Aha‹.«

»Die Frau, also, ich meine, die Flüchtlingsfrau, sie war gestern bei mir. Sie hat dich gesucht.«

»Mich?«

»Ja, dich.«

»Unmöglich.«

»Dachte ich auch. Habe ihr gesagt, dass du nicht gut auf das kleine Flüchtlingscamp zu sprechen bist und dass sie sich lieber von dir fernhalten soll.«

»Hat sie das überhaupt verstanden?«

»Sie hat alles verstanden. Sie spricht Deutsch.«

»Aha.«

»Ein altes Deutsch, könnte man sagen, aber wir konnten uns verständigen. Nachdem ich ihr klargemacht habe, dass du nicht mit ihr sprechen willst, hat sie ihre Sachen gepackt und ist mit ihren Söhnen weitergezogen.«

»Na gut, dann ist ja alles geregelt.«

»Ich weiß nicht, Berthold.«

»Was soll das heißen?«

»Sie gab mir einen Umschlag, den ich erst heute früh geöffnet habe, weil ich gestern so viel zu tun hatte, Bürgersprechstunde, du weißt schon. In dem Umschlag war ein Dokument. Ich habe es, Moment mal … hier im Jackett. Viele Städte sind darauf vermerkt, siehst du, einige an der Wolga, einige in Kasachstan und Kirgisistan. Es ist ein rotes Kreuz drauf, und schau mal, ihr Name ist auch vermerkt: Sie heißt Olga Kressowa.«

FREIZEITTIPPS:

Touristik Büdingen:
Büdingen positioniert sich auf der städtischen Website als Familienstadt, hat dennoch mit der Altstadt und der sehr gut erhaltenen Stadtbefestigung einen deutlichen historischen Schwerpunkt.
 www.stadt-buedingen.de

112. Festungsanlagen mit Stadtmauer
Die Festungsanlagen sind an drei Seiten der Altstadt vollständig erhalten. Beginnend am nordwestlich gelegenen Obertor folgen Ludwigsturm, Hexenturm und das sogenannte Große Bollwerk. Dann Untertor (siehe Tipp »Jerusalemer Tor«), Roter Turm und Grüner Turm, Meliorsturm und die südliche Festungsmauer bis hin zum Pulverturm – eine beeindruckende Schutzanlage, die selbst heute von außen noch uneinnehmbar scheint.
 www.buedingen.info/sehenswertes/historisches-buedingen.html

113. Altstadt
Büdingen liegt und lag schon immer ein wenig abseits der großen Verkehrs- und Handelswege. Vielleicht ist es diesem Umstand zu verdanken, dass die Altstadt noch heute über ein fast komplettes historisches Ortsbild verfügt. Der weitgereiste Schriftsteller Kasimir

Edschmid zog sogar Parallelen zur italienischen Baukunst und bezeichnete Büdingen als »Oberhessisches Orvieto«. Führungen, in denen von Gaunern, Schurken, Halunken, Hexen und Nachtwächtern berichtet wird, können Sie im Tourismusbüro (Marktplatz 9) buchen oder unter:
www.buedingen.info/buchen/fuehrungen.html

114. Gallusmarkt
Traditioneller Krämermarkt, der seit 687 Jahren die Altstadt im September zur Festmeile macht.

115. Jerusalemer Tor
Das 1503 erbaute Untertor, auch Jerusalemer Tor genannt, gilt als Wahrzeichen der Stadt Büdingen. Der Name geht zurück auf den Beginn des 18. Jahrhunderts, als religiös Verfolgte vor der Stadtmauer in eigens erbauten Häusern Zuflucht fanden. Die Gläubigen nannten das Stadttor daraufhin in Anlehnung an die heilige Stadt »Jerusalemer Tor«. Aufgrund dieser symbolischen Strahlkraft wurde der sich vor und neben dem Tor befindliche Rasenstreifen (am Lohweg) für die Kurzgeschichte »Vor dem Jerusalemer Tor« bewusst als Lagerplatz der Flüchtlingsfamilie ausgesucht.

116. Sandrosenmuseum
Das ungewöhnliche Museum befindet sich direkt im Jerusalemer Tor. Im fruchtbaren Lössboden der

Wetterau entstanden vor etwa zehn Millionen Jahren kristalline Strukturen, die wie versteinerte Rosen aussehen – die sogenannten Sandrosen. Einige außergewöhnliche Exemplare sind hier konserviert.

www.buedingen.info > Sehenswertes > Museen > Sandrosenmuseum

117. Schloss

Die Schlossanlage, die aus einem 13-seitigen Vieleck besteht, wird auch heute noch von der gräflichen Familie zu Ysenburg-Büdingen bewohnt. Ein Teil der Anlage kann im Rahmen von Führungen besichtigt werden. Terminvereinbarungen unter 06042/96470. Die Vorburg ist frei zugänglich. Das Tor vom äußeren zum inneren Schlosshof wird links und rechts von zwei steinernen Figuren mit Keulen bewacht, den sogenannten »Wilden Männern«. Einer Legende nach wechseln beide um Mitternacht die Seite. Allerdings, so heißt es in der Überlieferung, kann dies nur von Menschen beobachtet werden, die noch nie in ihrem Leben gelogen haben.

Zufahrt: Mit dem Auto gelangen Sie über einige enge Altstadtstraßen (mit Gegenverkehr!) zum Schlossplatz, auf dem Sie Parkplätze finden.

www.ysenburg.de

118. Pyramideneichen im Schlosshof

Im Schlosshof der Vorburg entdecken Sie zwei sehr schöne Exemplare der relativ seltenen Pyramideneiche, auch Säuleneiche genannt (Quercus robur f. fastigiata). Die Grafen von Ysenburg-Büdingen hatten eine Vorliebe für diese Bäume, die im Wuchs eher einer Pappel als einer gewöhnlichen Eiche ähneln. Die beiden Exemplare im Büdinger Schlosshof stammen aus dem 18. Jahrhundert.

Die circa 570 Jahre alte Urmutter dieser Baumart, von der alle Pyramideneichen abstammen, steht in Babenhausen-Harreshausen in Südhessen.

119. 50er-Jahre-Museum
Für alle, die in den 1950er- oder 1960er-Jahren aufgewachsen sind, ist das Museum ein anrührender Blick zurück in die Jugendzeit. Doch auch für Jüngere ist es sehr interessant, zu sehen, an welchen technischen Errungenschaften man sich damals erfreute. Es gibt viele Details zu bestaunen: Jukebox, Nierentisch und Tütenlampe, die damals üblichen Wasch- und Pflegemittel, eine vollständige Milchbar, ein Heizgerät für Lockenwickler und das komplette Jugendzimmer von Cornelia Froboess. Eine beeindruckende Sammlung, sehr zu empfehlen!
www.50er-jahre-museum.de

120. Büdinger Kinderfest
Bereits seit 18 Jahren veranstaltet die Stadt Büdingen jeweils im April ein Kinderfest. Mit dabei ist das inoffizielle Büdinger Wappentier: der Frosch. Die große Froschparade ist ein Höhepunkt des Fests. Damit auch

die Erwachsenen nicht zu kurz kommen, findet parallel ein Gärtnermarkt statt.
www.buedingen.info > Erleben > Jährliche Highlights

121. Kinderstadtplan
Das ist nicht selbstverständlich: ein Stadtplan für Kinder! Download als PDF hier:
www.buedingen.info > Erleben > Kinder > Kinderstadtplan

122. Traumwald
Für Familien mit Kindern ein wunderbares Tagesvergnügen im nahen Kälberbachtal: Wildpark, Waldkindergarten, Seilgarten, Höhlenwald, Lehrpfad, Grillhütte.
www.wildpark-buedingen.de/traumwald

123. Modellbahnhof Stockheim
Sehenswerte Modelleisenbahnanlage, privat geführt, in einem ehemaligen Bahnhof der Deutschen Bundesbahn, etwa zehn Kilometer nordwestlich von Büdingen – für Eisenbahnfans fast ein Muss!
www.modellbahnhof-stockheim.de

124. Ronneburg
Hervorragend restaurierte Stauferburg aus dem 13. Jahrhundert, etwa zehn Kilometer südwestlich von Büdingen, mit Falknerei, Museum, Trauzimmer,

Restaurant und Café. Dazu ein interessantes Veranstaltungsprogramm: Schwertkampfseminare, Kurse zum mittelalterlichen Kochen, Bogen- und Armbrustschießen, Ritterkämpfe, Oster- und Weihnachtsmarkt.
Aktuelles Programm unter:
www.burg-ronneburg.de

125. Keltenwelt Glauberg
Die Keltenwelt am Glauberg, etwa neun Kilometer von Büdingen entfernt, ist ein spektakulärer Museumspark, gleichzeitig ein archäologisches Forschungszentrum. Beeindruckend ist die lebensgroße Statue eines Kelten, die fast 2.500 Jahre lang unentdeckt unter der Erde lag.
www.keltenwelt-glauberg.de

Weitere Krimis finden Sie auf den folgenden Seiten und im Internet:

WWW.GMEINER-SPANNUNG.DE

BERND KÖSTERING
Düker ermittelt in Offenbach
....
978-3-8392-1971-3 (Paperback)
978-3-8392-5195-9 (pdf)
978-3-8392-5194-2 (epub)

POLIZISTENHERZ Günther Düker ist ein Polizist, der einem schnell ans Herz wächst. In 20 Fällen ermittelt er als stellvertretender Leiter des 2. Polizeireviers Offenbach am Main. In weiteren zehn Rätsel-Krimis sucht er als Pensionär auf eigene Faust nach den Tätern und ihren Motiven. Ohne seine Frau Helga wäre er allerdings bei manchem Fall mit seinem Latein am Ende. Und sie erfreut sich an ihrem Günther und seinem Polizistenherz. Begleiten Sie die beiden auf ihre Verbrecherjagd.

WWW.GMEINER-VERLAG.DE
Wir machen's spannend

Das Neueste aus der Gmeiner-Bibliothek

Unser Lesermagazin

Bestellen Sie das
kostenlose Krimi-
Journal in Ihrer
Buchhandlung
oder unter
www.gmeiner-verlag.de

Informieren Sie sich ...

- **www** ... auf unserer Homepage:
  www.gmeiner-verlag.de
- **@** ... über unseren Newsletter:
  Melden Sie sich für unseren Newsletter an
  unter www.gmeiner-verlag.de/newsletter
- **f** ... werden Sie Fan auf Facebook:
  www.facebook.com/gmeiner.verlag

Mitmachen und gewinnen!

Schicken Sie uns Ihre Meinung zu unseren Büchern
per Mail an gewinnspiel@gmeiner-verlag.de
und nehmen Sie automatisch an unserem
Jahresgewinnspiel mit »mörderisch guten« Preisen teil!

WWW.GMEINER-VERLAG.DE
Wir machen's spannend